民國文化與文學^{研究}

民國文化與文學研究文叢

三　編

李　怡　主編

第 **16** 冊

民國文學及浙江作家（下）

陳　國　恩　著

國家圖書館出版品預行編目資料

民國文學及浙江作家（下）／陳國恩 著 — 初版 — 新北市：
花木蘭文化出版社，2014〔民 103〕
目 2+166 面；19×26 公分
（民國文化與文學研究文叢 三編：第 16 冊）
ISBN 978-986-322-788-5（精裝）
1. 中國文學 2. 作家 3. 文學評論
541.26208   1030127512

特邀編委（以姓氏筆畫為序）：

丁 帆	王德威	宋如珊
岩佐昌暲	奚 密	張中良
張堂錡	張福貴	須文蔚
馮 鐵	劉秀美	

ISBN-978-986-322-788-5

9 789863 227885

民國文化與文學研究文叢
三 編 第十六冊   ISBN：978-986-322-788-5

民國文學及浙江作家（下）

作 者	陳國恩
主 編	李 怡
企 劃	四川大學現代中國文化與文學研究中心
	民國文學與海外漢學研究中心（籌）
	北京師範大學民國歷史文化與文學研究中心
總 編 輯	杜潔祥
副總編輯	楊嘉樂
編 輯	許郁翎
出 版	花木蘭文化出版社
社 長	高小娟
聯絡地址	235 新北市中和區中安街七二號十三樓
	電話：02-2923-1455 ／傳眞：02-2923-1452
網 址	http://www.huamulan.tw 信箱 hml810518@gmail.com
印 刷	普羅文化出版廣告事業
初 版	2014 年 9 月
定 價	三編 18 冊（精裝）新台幣 30,000 元

民國文學及浙江作家（下）

陳國恩　著

目

次

下　冊

政治認同與文學建構：
1950 年代文學史著中的魯迅形象 〔註1〕

一

魯迅是中國現代文學史和中國現代思想史乃至中國現代革命史上繞不過去的一個人物。百年來，不同時代的讀者對魯迅的闡釋從來沒有間斷過，分別建構起了各自心目中的魯迅形象。作爲現代中國社會的一個「卡里斯瑪典型」，魯迅不斷地被各種政治勢力所言說，成爲一個特殊的文化符號。然而，魯迅是一個非常豐富的人物，這決定了任何對魯迅映像的描述，都可能和魯迅本體之間存在差距。比如，五四時期新舊兩派對魯迅持截然不同的態度，「左聯」內部在如何認識魯迅問題上一度也存在重大分歧，甚至發生過激烈的論爭。這些表明，認識魯迅並非易事。直到毛澤東在《新民主主義論》中強調「魯迅的方向，就是中華民族新文化的方向」，左翼內部關於如何認識魯迅的分歧才得以彌合，開始比較一致地按照新民主主義的思想把魯迅納入新民主主義文化的邏輯框架，視之爲無產階級文學的一面旗幟。這既極大地提高了魯迅在中國現代文學史和思想史上的地位，同時也爲中國共產黨創造自己的新文化指定了方向。

上個世紀 50 年代，王瑤、丁易、劉綬松等人撰寫的幾部中國現代文學史著先後出版，代表了中國現代文學史這一學科的正式誕生。這些著作關於魯迅的論述，可以說是中國共產黨人在獲得政權後爲著手在全國範圍內推進新

〔註1〕 本文與禹權恒合作。

民主主義文化建設所做努力的一個重要組成部分。正是在這個意義上，汪暉說：「魯迅形象是被中國革命領袖作爲這個革命的意識形態的或文化的權威而建立起來的，從基本的方面說，那以後魯迅研究所做的一切，僅僅是完善和豐富這一新文化權威的形象，其結果是政治權威對於相應的意識形態權威的要求成爲魯迅研究的最高結論，魯迅研究本身，不管他的研究者自覺與否，同時也就具有了某些政治意識形態的性質。」〔註2〕但也正因爲如此，我們可以從這幾部代表性的中國現代文學史著中，看到魯迅的形象如何被建構，這一建構工程遵循什麼樣的思想原則，又存在一些什麼問題。這些問題，其實非常眞切地折射出了那個時代的總體思想特點、知識分子的心理以及社會思想領域中一些現在值得深思的問題。

二

　　1949 年 10 月 1 日中華人民共和國成立，翻開了中國歷史的新一頁。對於剛剛奪取政權的中國共產黨人而言，推動政治、經濟、文化建設，鞏固新生的人民共和國，是刻不容緩的頭等大事。鑒於新的政權要在舊的歷史地基上建立起來，共產黨人必須面對一個不容迴避的現實，即把大眾的思想儘快統一到中國共產黨人的歷史觀點上來，這是保證新中國各項建設事業順利發展的一個重要條件。換言之，爲了加強意識形態方面的引導，中國共產黨亟需對爲數眾多的從舊時代過來的知識分子進行思想教育乃至思想改造，幫助他們認清新中國的前途和在新時代所要遵循的思想和行爲準則。歷史選擇了中國現代文學，同時也再一次選擇了魯迅。

　　1950 年 5 月，教育部召開全國高等學校專題會議，通過了《高等學校文法兩學院各系課程草案》，對中國新文學課程的內容作出了規定。其中特別強調：「運用新觀點、新方法，講述自五四時代到現在的中國新文學的發展史，著重在各階段的文藝思想鬥爭和其發展狀況，以及散文、詩歌、戲劇、小說等著名作家和作品的評述。」草案明確規定「中國新文學史」爲大學中國語言文學系的主要課程之一。從此以後，編寫高等院校的統一教材作爲一項系統性工程，擺在了許多教育工作者的面前。魯迅作爲中國新文學史上的一面旗幟，自然成了新文學史教材編寫的重中之重。這在王瑤《中國新文學史稿》、丁易《中國現代文學史略》以及劉綬松的《中國新文學史初稿》中，可以說

〔註2〕　汪暉：《無地彷徨——五四及其回聲》，浙江文藝出版社 1994 年版，第 251 頁。

都得到了淋漓盡致的體現。

　　1953 年 8 月，《中國新文學史稿》脫稿問世。這原是王瑤在清華大學中文系教授中國新文學史課程的講義草稿，它繼承了朱自清先生編纂新文學史的風格。全書分四編，總計 60 萬字。《中國新文學史稿》的問世，開創了中國現代文學史研究和編纂的一個新階段，王瑤也據此成為中國現代文學學科的重要奠基人。在這部史稿的第一編第三章《成長中的小說》中，王瑤對魯迅的短篇小說集《吶喊》、《彷徨》做了高度評價。《吶喊》主要作於 1918～1922 年之間，王瑤說：「正是五四的高潮期，這些也正是『文學革命的實績』和《狂人日記》的精神一樣，充滿了反封建的戰鬥熱情。」在解讀《狂人日記》、《一件小事》、《阿 Q 正傳》之後，王瑤充分肯定了魯迅那極富自我批判精神的可貴之處。到了短篇小說集《彷徨》，王瑤說：「當然，看見許多戰友的中途變節，心境是淒涼的，《彷徨》中就不免帶點感傷的色彩，熱情也較《吶喊》減退了些。他自己說『技術雖然比先前好一點，思路也似乎毫無拘束，而戰鬥的義氣卻冷卻不少』。這是實在的。但魯迅是不會孤獨下去的，當他默感到革命的潛力和接觸到青年的熱情的時候，他的戰鬥是極其尖銳的，這在雜文的成績裏就更可找到了說明。」〔註3〕緊接著，王瑤詳細論述了魯迅的《祝福》、《離婚》、《在酒樓上》、《孤獨者》以及《傷逝》等短篇小說的特色。這些小說真實地反映了辛亥革命前後到大革命以前這個歷史階段的時代特點，充溢著改革社會的願望和戰鬥熱情，而且在形式和藝術構思方面也新穎多樣，逐漸形成了比較成熟的寫作風格。最後，王瑤說：「魯迅，從他的創作開始起，就是以戰鬥姿態出現的，他一面揭發著社會醜惡的一面，一面也表現了他的改革願望和戰鬥熱情。在這二者的統一上，不只他作品的藝術水平高出了當時的作家，就是在思想性的強度上也遠遠地走在了當時的前面。當作文化革命的旗幟，三十年來多少進步的作家就是追從著他的足跡前進的。」〔註4〕在第五章《收穫豐富的散文》中，王瑤又以《匕首和投槍》為標題，對魯迅的《熱風》、《墳》、《華蓋集》、《華蓋集續編》、《而已集》中的雜文作出了很高評價，認為魯迅用極為辛辣的筆調諷刺和暴露了中國社會的許多醜惡。之後，王瑤對《野草》、《朝花夕拾》等散文集做了非常深入的闡釋。可以說，《野草》在悲涼之中透露著非常堅韌的戰鬥性，許多文字用了象徵和重疊的手法，凝

〔註3〕　王瑤：《中國新文學史稿》，新文藝出版社 1953 年版，第 84 頁。
〔註4〕　王瑤：《中國新文學史稿》，新文藝出版社 1953 年版，第 87 頁。

結著異常悲憤的聲音和氣息。在第二編《左聯十年》中，王瑤再以《魯迅領導的方向》爲題，論述了在白色恐怖的環境中，特別是在「左聯」成立前後，各種極左社會思潮逐漸擡頭，社會革命情勢日益陷入一種極度危險的狀態。而此時，魯迅卻表現出異常的冷靜和理性，他緊緊地立足於中國的現實國情，以敏銳的眼光覺察出當時中國革命形勢正在發生微妙變化。事實上，魯迅對於當時中國革命的認識深度和高度都是遠遠地超過一般作家的。比如，魯迅在「左聯」成立大會上作了題爲《對於左翼作家聯盟的意見》的演講，就表現出一種極爲深刻的遠見卓識。王瑤對魯迅和「自由人」、「第三種人」，以及圍繞「兩個口號論爭」進行了深入論析，認爲魯迅爲捍衛無產階級革命文學的合理性作出了巨大犧牲。總體而言，王瑤的《中國新文學史稿》以新民主主義革命理論爲指導，整體結構上與新民主主義革命史保持一致。雖然這部史著受到特定時代學術生產體制的制約，存在一些不足，但畢竟又有屬於自己的學術追求與文學史構想，既滿足了時代的要求，又不是簡單地執行意識形態的指令，在試圖對自己充滿矛盾的歷史感受與文學體驗進行整合表述的過程中，盡可能體現出歷史的多元複雜性。不僅如此，王瑤在書中所引述材料極爲豐富，在評價具體作家時，從「人民本位主義」的立場出發，持一種較爲寬容的態度，這在當時的社會歷史語境中實在是難能可貴的。

《中國現代文學史略》是丁易在國內各大學講授中國現代文學史的講義提綱，後來經過進一步加工和修改，1955 年由作家出版社正式出版。全書分十二章，詳細地介紹了中國現代文學發展的基本歷程。其中，在論述魯迅的部分中，丁易把魯迅對於中國現代文學的貢獻提到了無以復加的高度。比如，在第一章《五四運動與中國現代文學革命運動的興起、發展和鬥爭以及魯迅的貢獻》中，他非常注重凸顯魯迅在文學革命理論建設方面的重要領導作用，介紹了以魯迅爲首的文學革命陣營和封建文學及右翼資產階級文學的鬥爭情況；在第二章《以魯迅爲旗手的中國左翼作家聯盟的活動及革命文學理論的進展和鬥爭》中，丁易以很大篇幅闡述了魯迅在革命文學鬥爭方面所作出的巨大努力，特別是和買辦資產階級「新月派」、「法西斯民族主義文學」、「反動的小資產階級的文藝自由論」、「幫閒文學論語派」以及和其它反動的文學集團之間的艱苦鬥爭。可以看出，丁易的文學史敘述帶有濃厚的階級鬥爭色彩，意識形態的傾向性極爲突出。在第五、六章中，丁易以《中華民族新文化的旗手共產主義者魯迅》（上、下）爲題，詳細分析了魯迅。他說：「魯迅

是近代中國偉大的思想家和革命家，是二十世紀現實主義的世界大師之一，是偉大的愛國主義者和國際主義者，他一生的思想和文學發展道路，是完全和中國人民的革命發展道路相吻合的。魯迅的方向，就是中華民族新文化的方向。」〔註 5〕在解讀魯迅前期小說時，丁易說：「魯迅這些短篇小說的創作方法，基本上可以說還是屬於批判的現實主義創作方法，但是他的批判的徹底性和革命性，卻遠非一般的批判的現實主義所能範圍，這是和他前期的徹底的反帝反封建的思想有著密切關係的。而在一九二七年以後，魯迅已經成為一個共產主義者，因而他的後期創作卻是屬於社會主義現實主義範疇了。」〔註 6〕但是，丁易在後面對此又做了一系列深刻的反思：「不過魯迅前期創作雖然達到了這樣輝煌的成就，但他對於當時中國革命出路還沒有明確的認識，因而他雖然熱愛農民，可是對於農民的革命性卻又多少有些懷疑，流露了某些程度的悲觀情緒，而有『兩間餘一卒，荷戟獨彷徨』的感覺。不過，這對於魯迅前期創作的輝煌的成就卻也並無妨礙，因為如前所說，魯迅的創作已經出色地完成了當時新民主主義革命的要求，而他思想上這一矛盾，也就是他在進行著嚴肅的自我思想改造的鬥爭；終於改變了階級立場，成為一個共產主義者，而這一偉大的自我改造鬥爭，也正是他從徹底的批判的現實主義進入社會主義現實主義的關鍵。」〔註 7〕可以看出，這是一系列概念的相互纏縛和矛盾的表述：魯迅前期小說存在缺陷，原因是這些小說不完全符合社會主義現實主義文學的基本要求，即對於農民的革命熱情估計不足，作者自己身上又存在迷失方向後的消沉情緒；但魯迅應該是偉大的，理由是這些作品具備了新民主主義文學的性質，特別是魯迅後來經過思想鬥爭實現了自我的蛻變，成了一個「共產主義者」——問題是魯迅後來的思想進步要成為魯迅前期小說取得傑出成就的一個理由，原是相當勉強的——這是在魯迅前期小說確實不符合社會主義現實主義文學的標準，而對魯迅又必須先驗地給予高度肯定時，研究者在邏輯上所使用的一個技巧。這同時也告訴人們，在當時的一些學者看來，社會主義現實主義的標準與新民主主義文學的標準，是有重要區別的。對於像魯迅這樣必須加以全面肯定的作家來說，當難以用社會主義現實主義的標準時，就使用新民主主義文學的標準——這時，新民主主義文學其實成為比社會主義現實主義文學低一等級但又符合毛澤東的新

〔註 5〕　丁易：《中國現代文學史略》，作家出版社 1955 年版，第 175 頁。
〔註 6〕　丁易：《中國現代文學史略》，作家出版社 1955 年版，第 184 頁。
〔註 7〕　丁易：《中國現代文學史略》，作家出版社 1955 年版，第 187 頁。

民主主義思想的一種文學，因爲它是共產黨人可以接受的，它又存在向社會主義現實主義文學發展的一種邏輯和歷史的必然性。這就是當時知識分子中流行的一種帶有普遍性的思想形式。從當時的這種情況看，丁易對魯迅的評價，沒有完全不切實際地拔高魯迅，也沒有毫無根據地貶低魯迅，而是大致符合魯迅本人的眞實形象的。

1956 年 4 月，劉綬松的《中國新文學史初稿》由作家出版社出版。全書分上、下兩卷，約 55 萬字，原是劉綬松在武漢大學講授中國新文學時的講義內容，後來經過進一步完善修改才得以面世。作爲當時影響很大的一部新文學史著，它內容豐富，結構清晰，自成體系，帶有鮮明的時代色彩。該書在《緒言》中即宣言研究新文學史必須具備幾個基本觀念：一是「劃清敵我界限」，凡是「爲人民的作家」、「革命作家」就給予主要的地位和篇幅，凡是「反人民的作家」，就無情地揭露和批判；二是分別主從，即突出「社會主義現實主義」的主流；三是把對魯迅的研究提到首要的地位上來。其中，劉綬松在前三編對魯迅及其創作進行了集中評述，分別建構了五四時期、第一次國內革命戰爭時期以及第二次國內革命戰爭時期的魯迅形象。作者在闡釋五四時期的魯迅形象時，主要從他的早期文學創作談起，探討了《狂人日記》、《孔乙己》、《藥》、《明天》《故鄉》、《阿 Q 正傳》等重要小說的思想藝術特徵。劉綬松說：「總起來說，收在《吶喊》裏的魯迅的早期創作，不只是現代中國文學史上不朽的傑作，也是世界文學寶庫中稀有的偉大作品。當我國新文學運動還在倡導、發軔的時候，我們就有了這樣在思想內容上和在藝術形式上都已經達到異常卓越、成熟境界的作品，來作爲我們前進途中的鼓舞和範例，這實在是我國現代文學的一件最值得誇耀的事。」〔註 8〕之後，劉綬松對第一次國內革命戰爭時期的魯迅形象進行了詳細解讀。此時，魯迅堪稱「青年叛徒的領袖」和「無產階級革命文學的奠基者」。劉綬松這樣描述此階段的魯迅形象：「在本時期，探索與戰鬥，在魯迅，是一個密切而不能分割的實踐的整體：他是一面戰鬥，一面探索，在戰鬥中探索，同時也在探索中戰鬥的。這是魯迅本時期戰鬥歷程上最主要的特色。」〔註 9〕這裡，劉綬松重點從「戰鬥的武器之一雜文」、「戰鬥的武器之二小說」、「戰鬥的武器之三散文詩、散文」等三個層面來評述魯迅。在第三編中，劉綬松論述了

〔註 8〕 劉綬松：《中國新文學史初稿》，作家出版社 1956 年版，第 65 頁。
〔註 9〕 劉綬松：《中國新文學史初稿》，作家出版社 1956 年版，第 95 頁。

第二次國內革命戰爭時期的魯迅。他首先強調了魯迅在「左聯」成立時所發揮的重要領導作用，探討了魯迅和「新月派」、「民族主義文學」、「第三種人」、「論語派」之間的激烈鬥爭，表現了魯迅經過長期的自我批判和自我改造之後，其思想已經發生了重大發展和進步。劉綏松說：「經過這次自我批判之後，他對中國歷史發展的看法，已經不再是從革命的小資產階級的立場與觀點、以及進化論的觀點出發，而是以一個馬克思主義者的看法了，他對於中國人民大眾革命的力量和前途，已經沒有絲毫的懷疑，而是堅信唯有新興的無產者才有將來了。」〔註10〕可以說，經過這樣一個發展，一方面標誌著作為思想家的魯迅其前後期思想本質上的變化；另一方面，也標誌著作為文學家和新文學運動的領導者的魯迅在創作方法上前後顯著不同的面貌。劉綏松說：「從進化論到階級論，這是一個偉大的躍進。這樣一個躍進，在魯迅，是體現了時代和歷史對於一個偉大的現實主義的客觀要求，同時，也是體現了一個偉大的現實主義作家對於自己的嚴格批判和忘我戰鬥的革命精神的。」〔註11〕客觀地講，魯迅思想的巨大轉變是和中國共產黨的政治推動和社會影響分不開的，具體表現在：倘若於共產黨和人民革命事業有利的，魯迅都竭力擁護；假如對共產黨和人民革命事業有害的，魯迅都極力反對。可以說，共產黨對於魯迅的愛護和支持與魯迅對於黨的始終如一的忠誠，是魯迅後期文藝事業的不朽價值所由產生的根源。正是在這個意義上，我們才說，魯迅的思想發展進程深刻地反映了中國人民革命曲折前進的道路，體現了馬克思列寧主義和毛澤東思想在中國大陸的巨大勝利，同時也把我們的新文學運動推向了一個更新更高的發展階段。

三

可以看出，王瑤的《中國新文學史稿》是在遵循馬克思列寧主義以及毛澤東思想的前提下，以新民主主義革命發展史為主要依據，來編纂中國新文學史的。比如，他對中國新文學史分期的處理就體現了政治因素的強力滲透。王瑤把中國新文學的發展分做四個時期。第一期是 1919 年到 1927 年，相當於毛澤東在《新民主主義論》里第一和第二時期；第二時期是 1927 年到 1937 年的十年，相當於《新民主主義論》的第三個時期；第三時期是 1937 年到 1942

〔註10〕劉綏松：《中國新文學史初稿》，作家出版社 1956 年版，第 259 頁。
〔註11〕劉綏松：《中國新文學史初稿》，作家出版社 1956 年版，第 262 頁。

年的五年，即從抗戰開始到《在延安文藝座談會上的講話》發表抗戰前五年的文學；第四時期是 1942 年到 1949 年的七年，即自《延安文藝座談會上的講話》的發表到中華全國文藝工作者代表大會的召開。王瑤這裡對中國新文學史的分期是一種政治認同的必然結果。1952 年 8 月 30 日，在出版總署與《人民日報》共同召集的《中國新文學史稿》（上冊）座談會上，多數專家雖然也極大地肯定了王瑤在新文學史著建設方面的重大貢獻。但是，一些學者也對《中國新文學史稿》（上冊）在政治立場方面存在的缺陷甚至「錯誤」進行了嚴屬批評，反映了建國初期異常複雜的政治文化氛圍。歷史在無意間給王瑤開了一個玩笑，當時這部備受質疑和批判的新文學史著，後來卻成了中國現代文學學科史上的一部經典之作。綜合當時諸多學者提出的各種批評意見，它們「一方面體現了當時政治對歷史編寫的要求，另一方面，從學術研究的層面上說，表現了強烈地要求建立另一種學術傳統的趨向。這就要求建立學術爲政治服務的傳統，要求治學者有明確的政治立場，在治史時要鮮明地表現這一政治立場。因此，首要的問題不是追求歷史的客觀眞實性，而是考慮所描述的歷史對哪個階級有利。爲此，就要檢查所描述的歷史是否符合某一階級的理論主張，符合他們對歷史的意見。」〔註12〕非常幸運的是，在 20 世紀 50 年代前期極爲特殊的社會文化語境之中，王瑤並沒有完全接受來自各種政治因素的規訓，而是堅持個人的獨立見解，對各種文學現象進行了實事求是的評述。比如，他在論述新文學運動的發生、發展及其背景時，較多地採用了「基本性質」的判斷。但在進入具體的作家作品的評價定位時，就表現出十分的謹愼，其評判的標準就比較寬鬆一些，不純粹以政治態度劃線。在後來的論述中，王瑤對文學史的評判標準作了局部的調整，提出以「人民本位主義」爲根本，有意將原來標示的「新民主主義」或「無產階級革命」這樣政治性的標準淡化一些，也「擴容」一些，以更能貼近具體的文學創作實際。此種治史風格充分表現了王瑤獨到的理路。換言之，王瑤在從事新文學史著的編纂時，並沒有完全放棄個人的獨立思考，而是把個人思考悄悄地融會於政治邏輯之中，這正可看出王瑤非常注重策略性和技巧性的一面。正是在這個意義上，有學者指出：「王瑤的《中國新文學史稿》將啓蒙主義思想與新民主主義的革命論斷摻雜在一起的做法，與稍後丁易的《中國現代文學史略》，以及劉綬松的《中國新文學史初稿》相比，更顯示出該書在意識形態方

〔註12〕黃修己：《中國新文學史編纂史》，北京大學出版社 2007 年版，第 95 頁。

面離當時的政治要求有相當的距離——後兩者都是嚴格按照《新民主主義論》強調的新文學中社會主義因素的成長壯大來描述新文學史的，並以此來篩選作家的。」〔註 13〕

與王瑤的《中國新文學史稿》相比，丁易的《中國現代文學史略》和劉綬松的《中國新文學史初稿》出版相對較晚。它們表現出幾乎相同的鮮明傾向，即向政治方向的大角度傾斜，或可稱爲新文學史著的大幅度政治化。「政治標準第一」是他們編寫中國新文學史的共同指導方針。其中，丁易的《中國現代文學史略》就以中國新民主主義革命史爲主要綱領，把中國新文學史作爲新民主主義革命史的一個重要組成部分來進行分期和評述的。該書在《緒論》中就開門見山地說：「中國現代文學運動是和新民主主義革命運動分不開的，並且血肉相連而成爲新民主主義革命運動的一部分。這兩者之間的關係，簡單地說來就是：現代文學運動是爲革命運動所規定，但同時它又對革命運動起了一定的影響和推動作用，必須通過這種關係去考察中國現代文學，才可以看出中國現代文學的社會意義和社會任務。」〔註 14〕這就表明丁易的文學史寫作目標非常明確，是要說明現代文學和革命運動之間的關係及其社會意義。他第一次將新文學史上的諸多作家，嚴格地按照他們的政治態度和政治立場，分爲「革命作家」、「進步作家」、「反動作家」，並以此爲主要標準對眾多的文學流派和文學社團進行了區分。鑒於魯迅在中國新文學史上的重要地位，丁易進行了特殊處理：他沒有爲魯迅之外的其他任何作家安排專章，而魯迅卻獨佔了兩章。不僅如此，他還在文學運動和文學鬥爭部分，非常著意地強調「魯迅爲首」。比如有這樣的標題：「以魯迅爲首對於革命文學的態度和意見」、「以魯迅爲首的中國左翼作家聯盟的成立及其和反動政治的鬥爭」、「以魯迅爲首的革命文學陣營和反對文學傾向的鬥爭」等，目的都是爲了強調魯迅對於新中國文化和政權建設的獨特意義。同樣值得一提的是，在整個書寫過程中，丁易非常強調「社會主義現實主義」創作方法的重要性。「丁易爲了套用這個理論來整合新文學，顯示政治傾向的進步，甚至把「社會主義現實主義」實際表現的時間大大地提前了，以致全然不顧新文學歷史發展的基本事實，甚至不惜任意剪裁史實，去服從這一預設的結論。」〔註 15〕最

〔註 13〕 張傳敏：《民國時期的大學新文學課程研究》，人民出版社 2010 年版，第 152 頁。
〔註 14〕 丁易：《中國現代文學史略》，作家出版社 1955 年版，第 2 頁。
〔註 15〕 溫儒敏、李憲瑜、賀桂梅、姜濤：《中國現當代文學學科概要》，北京大學出版社 2005 年版，第 98 頁。

典型的套用例子就是第二章有關魯迅小說的一節，標題就是「從徹底的批判的現實主義到社會主義現實主義」。其中，他把魯迅的小說《非攻》和《理水》都說成是「社會主義現實主義文學」了。他所找到的基本依據就是魯迅作品具有「主題的積極意義和戰鬥性的強烈」，以及對反動派的「無情打擊」和對革命力量「由衷的擁護」等重要特點。這種套用的基本用意在於能夠體現出中國新文學發展的政治方向，而不至於在指導思想上觸犯政治紅線。這正是丁易和當時的主流意識形態達成共識的一個佐證。因此，這部著作的基本立論及其方法、體例，與王瑤等人的新文學史相比，更能反映 20 世紀 50 年代前期現代文學研究和教學的一般路子，它是一本很政治化、代表學術主流，因而在當時實際影響很大的著作。

和丁易的《中國現代文學史略》一樣，劉綬松的《中國新文學史初稿》也體現了政治形勢開始發生重大變化時作者所選擇的一個新的治學模式。劉綬松在評價作家作品時，同樣依據政治第一的標準，把作家的政治表現和現在的政治地位作為關注的重點，以政治定性代替文學評判，對作家只注重階級分析，以其政治態度劃線，嚴格區分敵我。凡是在現實政治生活中已被判定為「反動的」，不管其在歷史上表現如何，對新文學有無重要貢獻，創作上有無特色，一律因人廢言，全盤否定，或盡量壓低其在文學史上的位置。可以說，劉綬松的《中國新文學史初稿》堅定地貫徹了毛澤東的新民主主義思想。比如，他把中國新文學史分為五個階段，第一階段：五四運動時期（1917～1921）；第二階段：第一次國內革命戰爭時期（1921～1927）；第三階段：第二次國內革命戰爭時期（1927～1937）；第四階段：抗日戰爭時期（1937～1945）；第五階段：第三次國內革命戰爭時期（1945～1949）。這裡，劉綬松對中國新文學分期問題的處理，完全參照了新民主主義革命史的分期標準和分期方法。他在書中還極力推崇左翼文學和解放區文學，而對自由主義文學及其他所謂「反動文學」都持拒斥的態度，表現出一種非常鮮明的階級立場和審美趣味。「總而言之，劉綬松在其《中國新文學史初稿》中，是把魯迅放到新民主主義革命史的框架中來評價的。這其實是遵命而作，非如此就會犯重大的錯誤。從這一意義上說，劉著與同一時期的另外幾部新文學史一起，共同規劃並實踐了中國現代文學史的一種述史模式，因而也就奠定了中國現代文學學科中的魯迅研究的基礎。而劉著的特點，則是更為注重魯迅的思想意義甚至政治意義的發掘。所以，其政治色彩更濃一些。當然，這就不能不

影響到他後來的學術影響力。」〔註16〕

　　不言而喻，在主流意識形態的強大影響之下，1949 年後新文學史的編寫日益走向了「一體化」的生產階段。王瑤早期的較具個人特色的述史模式被政治權力逐步地同化和稀釋，這對於中國新文學史學科發展是一個不良信號。黃修己說：「他們的編纂實踐開了另一條傳統，也就是不顧歷史事實，理論為先，實是政治為先，按照政治的要求來描畫、闡釋歷史，實際上是歪曲了歷史，在他們手裏終於完成了新文學史的政治化。」〔註 17〕然而，我們也不必過於責怪這些學者，因為 1949 年後的特殊語境決定了他們不可能掙脫歷史本身的局限性。此時，他們也許只有和佔據中心位置的政治話語達成某種諒解，或者形成政治一體化的利益共同體，才有可能尋求一種極為有限的言說空間，進而才有可能從事新文學史的具體編纂。

　　縱觀 20 世紀 50 年代的三部具有代表性的新文學史著作，可以說它們都是努力按照毛澤東的新民主主義思想來建構魯迅形象的。他們在闡釋魯迅及其作品時，往往極力關注其對於新民主主義革命有利的一面，而對其他方面則關注較少或基本不予關注。主要原因在於，新中國需要魯迅這樣的進步知識分子作為榜樣，引導來自舊時代的知識分子改造世界觀，要他們把立足點轉移到人民大眾這方面來，從而突出中國共產黨在文化建設方面的領導作用。雖然魯迅在這些新文學史著中的形象建構存在著一些差異，但更多地卻是表現出它們的相似性。一方面，魯迅是中國現代文學的奠基者之一，其崇高地位本身就是一種客觀存在。魯迅的獨特魅力是紮根在他的厚重的文學作品中的，絕非任何人憑空製造的神話。因此，各種新文學史著都給他以顯要的位置。另一方面，由於 1949 年後極為特殊的社會歷史際遇，毛澤東在《新民主主義論》中對魯迅的權威評價被強化和放大，魯迅終於成為「新中國的第一等聖人」，使他在新中國文化建設方面扮演了一個極端重要的角色。在這樣的條件下，一些史著對魯迅形象的描述可能和魯迅本體之間存在差異，其中的偏頗也就難以避免。正因為這個原因，我們才不妨說「魯迅」的形象是被不同時代的讀者不斷建構起來的，究竟哪一種形象更加符合魯迅自己，這需要歷史的檢驗。不但如此，透過不同的新文學史家對魯迅形象的經典塑造，

〔註16〕陳國恩：《武漢大學魯迅教學和研究的世紀回顧》，《長江學術》2010 年第 2
　　　　期。
〔註17〕黃修己：《中國新文學史編纂史》，北京大學出版社 2007 年版，第 108 頁。

可以看出中國不同歷史時期特殊的社會文化氛圍。或許還可以說，每當控制社會思想的精神文化機制趨於寬鬆和理性的時候，魯迅形象就會逐漸地接近於魯迅本體。此時，魯迅研究的學理精神就會得到更好的發揚，魯迅研究會取得重要的成果。當文化機制變得日益苛酷，甚至走向極端的時候，魯迅形象就會被歪曲，成爲實用政治的一個手段，魯迅研究也就走上了一條教訓深刻的歧路。

（原載《湖南師範大學學報》2013 年第 4 期）

經典闡釋與中學魯迅作品教學

一、「魯迅」經典性的嬗變

　　經典性，是一部作品在文學史上佔據重要地位的基本保證，但文學作品的經典性，是一個建立在闡釋學基礎上的概念，它帶有許多不確定的因素。它可能因人的政治立場、審美趣味方面的差異而呈現不同的意義，如一部《紅樓夢》，魯迅就說過經學家看見易，道學家看見淫，才子看見佳人，革命家看見排滿，流言家看見宮闈秘聞，說明一部文學作品，哪怕經典如《紅樓夢》者，其意義也會因人而異；同時，經典性的不確定也源於對一部作品的理解可能會因為時間的流逝而發生變化。魯迅的作品，尤其是他的小說，就是一個很好的例子。

　　魯迅作品的經典性無庸置疑，但魯迅作品的經典意義在近一個世紀中卻經歷了幾次重大的變化。五四時期，大多數讀者是從反封建的意義上來理解魯迅作品的。吳虞在讀了《狂人日記》後，就做了一篇《吃人與禮教》表示聲援：「孔二先生的禮教講到極點，就非殺人吃人不成功，眞是慘酷極了……到了如今，我們應該覺悟：我們不是爲君主而生的！不是爲聖賢而生的！也不是爲綱常禮教而生的！甚麼『文節公』呀，『忠烈公』呀，都是那些吃人的人設的圈套，來誆騙我們的！我們如今，應該明白了！吃人的就是講禮教的！講禮教的就是吃人的呀！」此後相當一段時期，對魯迅作品的理解基本上沿著這一方向展開。

　　到二三十年代之交，左翼批評家爲了突出「革命文學」的時代意義，強調文學的無產階級戰鬥性，對五四文學發起了批判，認爲五四文學屬於人道

主義的性質，已經落後於時代了。這自然包括對魯迅的批判：「魯迅這位老生
——若許我用文學的表現——是常從幽暗的酒家的樓頭，醉眼陶然地眺望窗
外的人生。世人稱許他的好處，只是圓熟的手法一點，然而，他不常追懷過
去的昔日，追悼沒落的封建情緒，結局他反映的只是社會變革期中的落伍者
的悲哀，無聊賴地跟他弟弟說幾句人道主義的美麗的說話。」〔註1〕左翼開展
批判的目的，是與五四文學劃清界線，好為無產階級革命文學開闢道路。但
是歷史證明，這樣的批判犯了教條主義和宗派主義的錯誤。而當這些左翼批
評家後來受命與魯迅建立聯合陣線，他們面臨的首要任務就是為與魯迅攜手
找出一個適當的理由。他們的理由是魯迅的思想發生了飛躍——因為魯迅接
受了馬克思主義的影響，思想進步了，左翼才有了與魯迅合作的基礎。這表
面看來是對魯迅的肯定，實際上意味著對魯迅早期的小說仍然採取了保留的
態度。而這種保留，為雙方此後的合作埋下了衝突的伏筆。

　　真正從理論上彌合了左翼文學與魯迅雙方思想裂隙的，是毛澤東。毛澤
東不是片面地站在左翼批評家的立場上，而是以更為闊大的視野，把魯迅與
左翼文學一起納入新民主主義的範疇，使兩者獲得了同一性。於是，五四時
期的魯迅與左翼文學之間的差異，就成了新文學在發展過程中的階段性差
異，從而消解了五四時期的魯迅與左翼文學之間的結構性矛盾。魯迅按照這
一方向繼續前進，成了左翼文學的一面精神旗幟，他的方向也就成了中華民
族新文化的方向。從此以後，魯迅作品的意義就開始從它與無產階級革命的
關係方面得到解釋，比如強調它提出了關於中國革命的重大理論問題，包括
革命的領導權問題，革命與群眾關係的問題，革命的動力問題，辛亥革命失
敗教訓問題等。這些問題在中國革命的實踐中還須經過相當長時期的探索才
逐步得到解決，而魯迅在他的前期小說中就提了出來，並給出了精彩的回答，
他能不偉大嗎？

　　從中國革命的角度研究魯迅，顯然放大了魯迅作品的革命意義，而其啓
蒙的意義，比如對國民性的批判，五四式的人道主義情懷，不可避免地受到
了忽視。以阿Q形象的研究為例，左翼批評家對阿Q形象的革命性一面加以
強調，認為中國只要革命，阿Q就會成為革命黨。至於阿Q所理解的革命實
際上僅僅體現了落後農民對於財產再分配的要求，根本沒有進步的意義，這
一點卻忽略不計了。祥林嫂被視為舊社會勞動婦女受政權、神權、族權、夫

〔註1〕　馮乃超：《藝術與社會生活》，《文化批判》創刊號（1928年1月）.

權所謂「四大繩索」迫害的一個典型，可是事實上魯四老爺只是一個理學先生，他不足以代表反動的政權；祥林嫂在丈夫死後被婆家賣給了賀老六，固然體現了夫權和族權的力量，但她實際上卻因此獲得了一段短暫然而幸福的婚姻——這些在文本中所包含的意義與政治化的闡釋是有矛盾的，但因為先入為主的觀念而被輕輕地放過了。這樣的研究，立足點不在魯迅，而在於中國革命的政治。要通過魯迅研究把中國革命的「道理」講出來，教育和影響讀者。這樣的魯迅研究，從屬於意識形態的目標，是革命宣傳工作的一個重要環節，未嘗沒有道理。魯迅與中國革命的關係，也為這種研究方式提供了依據。不過它的問題在於，當它所服務的政治本身走入歧途時，整個研究工作就會陷入實用主義的泥潭，甚至成為政治鬥爭的附庸，其學術意義也就蕩然無存了。

上個世紀 80 年代初，適應思想解放運動的需要，魯迅研究進入了一個新的階段。最具代表性的學者，就是王富仁。王富仁的《吶喊》和《彷徨》研究，打破了政治革命的思維邏輯，從思想革命的角度審視魯迅，認為魯迅前期小說是中國反封建思想革命的一面鏡子。這一成果破除了迷信，激活了人們的思想，構成了當時思想解放運動的一個部分，其意義遠遠超出了魯迅研究的領域。錢理群、王曉明等學者，這時也開始從新的角度，比如魯迅的內心視角來透視魯迅，向人們展現一個偉大然而內心豐富乃至陷於自我掙扎的魯迅。魯迅的形象因為其立體的呈現而變得親切起來，同時又不失其崇高和偉大的一面。

魯迅的意義是多方面的，他的形象隨著時代的發展在變化著。這些形象彼此有異，但都能從真實的魯迅那裡獲得證明，體現了不同的時代內容和魯迅的不同側面，因而又都是「魯迅」的。

二、世俗時尚中的「魯迅」

凡經得起從不同角度發掘的作家，肯定有其非凡的一面。然而即使是偉大的作家，也不能指望受到任何時代讀者的普遍喜愛。魯迅在世時就遭到一些人的反對，這主要是出於意識形態方面的分歧和對立。魯迅去世後，左翼方面對他的研究逐漸消除了內部的分歧，最終把魯迅研究納入到了共產黨人意識形態的大戰略。從此，推崇魯迅的意見佔據了上風。當然也不時會出現一些貶低的聲音，而這往往是與意識形態領域的重大變動聯繫在一起，代表

了一些人希望突破既有思想秩序的一種衝動，其表達的形式則又往往是偏激的。由於魯迅研究與中國現代重大的政治問題和思想問題糾纏在一起，我們不妨說，一部魯迅研究史就是一部中國現代思想鬥爭史。

但是從上個世紀 90 年代開始，情形起了變化。一個明顯的現象，是魯迅研究不再是不同意見相互交鋒的平臺了。這並不是因為人們對魯迅達成了廣泛共識，而是因為關於魯迅的意見分歧已不再是一個嚴重的政治問題，不再直接影響到當下的社會生活，因而也不再引起人們的嚴重關注了。

90 年代市場經濟改革的深入，推動中國從此前的注重革命原則的理想主義時代向強調市場原則的世俗社會轉型。市場原則不同於革命理想主義的地方，在於遇到問題時人們不再像革命時代那樣首先考慮政治正確，而是首先考慮經濟的效益。確定經濟效益的原則顯然不再是統一的意識形態標準，而是實實在在的錢。這導致了今天社會的價值分化和個人選擇空間的擴大。在這樣的條件下，再通過魯迅研究來探討與魯迅有關的中國現代史上的政治問題和思想問題，由此統一人們的思想，這種意識形態的管理策略就不再有效了。人們雖然仍在討論這些問題，可那是與現實政治沒有多大關係的學術討論，目的是釐清歷史紛爭，爭取還原事件的真相，卻不再影響到現實政治。這是專家們所從事的工作，與世俗大眾無關。比如《吶喊》與《彷徨》的意義何在——是其提出了關於中國革命的一些重大問題，還是因為它們是中國現代反封建思想革命的鏡子，這一爭論折射出了上個世紀 80 年代初中國思想界的發展動向，是影響到中國現實政治走向的問題，然而一旦中國思想界的發展越過了這個充滿爭議的階段，其發展的方向已經明確，不能再改變了的時候，與這些學術問題的爭論聯繫在一起的政治道路選擇已經明確，不可能再走以前的思想禁錮的老路的時候，關於《吶喊》與《彷徨》的這些爭論就不再具有它們在 80 年代初所具有的受萬人矚目的意義了。它們只是一個學術史的問題，是魯迅研究專家所關心的問題，而與一般的知識分子沒有多大關係，離普通大眾距離更遠了。

當魯迅研究不再是一個政治問題，不再影響到中國現實社會的發展，不再影響一般民眾的日常生活時，「魯迅」遭遇了寂寞。這反映在魯迅研究的領域，就是它不再佔據顯學的地位，不再能從介入當下社會歷史進程的角度尋求研究的重大突破，即使有一些創新的成果，也只有學術的意義，而不可能引起像以前意識形態主宰一切的時代那樣重大的社會反響。與此同時，魯迅

在一般大眾的心中也變得不那麼真切了，更勿論親切。雖然從前的宣傳仍在發揮影響——從前的宣傳，總是把魯迅與重大的思想和政治鬥爭聯繫在一起，魯迅成了民族的脊梁，代表著中華民族新文化的方向，因而不崇高也難。但正是由於他長期居於崇高的地位，一旦政治條件發生變化，把魯迅與普通民眾的日常生活強力結合起來的力量不再存在的時候，他與普通民眾的關係就難以避免地發生了鬆動，更確切地說，是他與普通民眾逐漸疏遠了。現在的民眾所關心的只是日常生活，對他們來說，魯迅所操心的問題、魯迅所參與的鬥爭，已經成為歷史，與他們的日常生活無關。因而他們可以把魯迅當作一個偶像，但不會從心靈深處把魯迅當成一個思想的導師和行動的楷模。在世俗社會中，人們的生活本來就應該是千姿百態的，不可能人人都像魯迅一樣把全部的生命力量投入到重大的鬥爭中去。他們可以有輕鬆的生活，甚至是享樂的生活。在這樣的生活中，不必拿魯迅來衡量自己行為的價值和意義。哪怕要活得平凡，也是個人的權利。總之，在世俗的多樣化社會中，人們有不同的選擇，雖然他們要承擔因自己的選擇而產生的後果，但人生的意義不再拘泥於統一的標準，人盡可以有不同的活法。在這樣的環境中，「魯迅」的寂寞是難以避免的。

其實，即使在知識分子群體中，「魯迅」現在也是寂寞的。這是因為魯迅那種「論時事不留情面，貶錮弊常取類型」的文風和這種文風背後的峻急人格，在今天世俗社會中不會討多少人的喜歡。特別是魯迅對自我的解剖不留情面，或許還會把不少人置於十分尷尬的境地。當然這並非說魯迅現在沒有知音，但他的知音是那些從自己的生命經歷中感受到了人生的艱難而又不願意向困難低頭，決意用自己的生命熱力尋找突圍的方向，創造生命的奇跡的人。那是一些有信仰、有堅守的人，其人數肯定不多，所以還是難以改變魯迅遭遇寂寞的命運。

魯迅被邊緣化，還有更為內在的原因。當「告別革命」已成為一種時尚，革命時代的一些原則開始受到了質疑。其中一個突出的現象，就是保守主義文化勢力開始了對五四新文化運動、五四文學革命的批評和指責。對五四的質疑，本是海外新儒學所堅持的一個立場，只是它在崇尚革命的中國大陸沒有影響。但中國大陸進入新時期後，「革命」被「改革」所取代，以前一些激進主義的觀點受到了清理。受此影響，五四新文化運動和文學革命由於它對傳統的激烈批判，被一部分學者視為中國現代激進主義思潮的源頭。保守

主義的文化思潮體現了一種特殊形式的理想主義，因為它認為中國傳統文化可以經由自身的緩慢演變直接進入現代的發展階段，而沒有充分考慮到傳統文化的頑固性——傳統文化傾向於用社會的統一道德來束縛人的個性，限制個人的自由和創造精神，非用個性主義的文化加以改造而不能發展為現代的民族新文化。既然文化保守主義的思潮開始流行，那麼在這一思潮影響的範圍內，與五四新文化運動和文學革命緊緊聯繫在一起的魯迅，自然難逃「厄運」，不可避免要被當作文化激進主義的一個代表而受到批判，就像余英時說的：「（魯迅）沒有一個積極的信仰，他要代表什麼，他要中國怎麼樣，他從來沒有說過，盡是罵這個罵那個的」〔註 2〕。五四時代吳虞心目中的文化英雄，到了新儒家的筆下反成了破壞民族文化的罪人。這樣的輪迴，雖在意料之外，但從另一面看，也在情理之中。

三、當前中學的魯迅作品教學

「魯迅」當前的這種處境，自然會反映到中學語文教學中。由於魯迅的作品與現代政治鬥爭和思想交鋒聯繫得十分緊密，而且這些政治鬥爭和思想交鋒離現在已經遠了，所以現在的中學生理解起來較為困難。於是，新版的高中語文教材依據新課標的要求對魯迅作品的選目做了調整。新課標要求中學語文教學須加強與社會發展、科技進步的聯繫，現在的高中語文課本便在增加了一些當代作家甚至是當前青年作家寫的作品的同時，減少了魯迅等現代作家的篇目。比如，人民教育出版社《全日制普通高級中學教科書（必修）語文》（2004 年版）選魯迅作品 7 篇，各冊分佈的情況如下：

《〈吶喊〉自序》	第一冊
《祝福》	第二冊
《拿來主義》	
《記念劉和珍君》	第三冊
《燈下漫筆》（節選）	
《藥》	第四冊
《阿 Q 正傳》	第五冊

在執行新課標後，高中語文課本中魯迅作品的篇目變動，大致有三種情

〔註 2〕 張偉國：《余英時訪談之三》，《聯合報》（香港），1994 年 9 月 8 日。

況。

　　第一種是刪，以江蘇教育出版社、廣東教育出版社和人民教育出版社新課標版爲代表：

版　　本	篇　　目	所 在 冊
江蘇教育出版社	《祝福》	必修二
	《拿來主義》	必修三
	《阿 Q 正傳》	必修五
	《記念劉和珍君》	必修五
廣東教育出版社	《藥》	第三冊
	《拿來主義》	第四冊
	《阿 Q 正傳》	第四冊
人民教育出版社新課標	《記念劉和珍君》	第一冊
	《祝福》	第三冊
	《拿來主義》	第四冊
	《藥》	第五冊

　　第二種是刪中有增，有山東人民出版社、華東師範大學出版社的版本：

版　　本	篇　　目	所 在 冊
山東人民出版社	《爲了忘卻的記念》*	第一冊
	《記念劉和珍君》	第二冊
	《祝福》	第三冊
華東師範大學出版社	《爲了忘卻的記念》*	第一冊
	《白莽作〈孩兒塔〉序》*	第二冊
	《非攻》*	第三冊
	《〈吶喊〉白序》	第四冊
	《阿 Q 正傳》	第六冊

　　第三種是棄舊用新，如語文出版社的版本：

版　　本	篇　　目	所 在 冊
語文出版社	《鑄劍》	第一冊
	《春末閒談》	第五冊

　　總的看，新課標教材所選魯迅作品的數量都減少了。這在表明編寫者對魯迅的理解發生了變化的同時，也反映出「魯迅」在當前的某種尷尬處境。比如，所有新課標高中語文課本都刪去了《燈下漫筆》，這就與近來在新保守主義文化氛圍中重新評價傳統文化有關——在認識到中國傳統文化中包含了大量可以繼承的積極內容後，如何講好《燈下漫筆》對「中國固有文明」的尖銳批判就不那麼容易了，因而刪去也罷。但這種變化，更重要的是提醒我們，應該深入思考我們該如何聯繫新的時代精神來充分發掘魯迅作品的經典意義，並以一種有效的方式把它傳授給學生，讓現在的中學生也能夠充分理解魯迅作品的深邃意義，從而受到思想教育和文化薰陶。

　　如何在當前世俗社會的條件下把握魯迅作品的經典意義？這是一個大題目。筆者不揣冒昧，僅就其與中學語文教學相關的方面談幾點粗淺想法。

　　首先，中學語文教學對魯迅作品的講解要淡化其與時事政治的關係，而專注於發掘其更為內在的、具有更為久遠價值的文化意義。魯迅作品與時代聯繫十分緊密，但作為經典，其意義絕不局限於時事政治，最為重要的是它們包含了涉及人性和文化的更為內在的內容。比如《阿 Q 正傳》固然與魯迅思考辛亥革命失敗的教訓、探索中國社會改造的道路相關，但它並沒有提出一個現成的社會改造的方案，它的意義主要還在於對國民劣根性的深刻批判，對沉默的國民靈魂的犀利解剖。以前出於政治教育的需要，側重於從政治革命的角度來理解它，從中發掘阿 Q 的革命要求，闡發中國革命必須走密切聯繫群眾的道路這樣的大道理，這是時代使然；然而當這些道理已經成為常識、中國革命的規律性及一些基本原則已經廣為人知的今天，就大可不必通過魯迅的作品，如通過《阿 Q 正傳》的講解來把它們灌輸給讀者。因而《阿 Q 正傳》的意義可以往更為內在的方面挖掘，讓今天的讀者，尤其是讓今天的中學生知道，思想的愚昧是何等的可怕，我們民族在歷史上曾經經歷了那麼一個黑暗的愚民時代，因而應該在吸收中國傳統文化優秀內容的同時，對傳統文化的負面影響保持高度警惕，從而更為自覺地追求理性精神，捍衛現代人的獨立思考權利，以實際行動推進中國社會民主建設的進程。

　　第二，可以把魯迅作品的講解與提高民族素質、抵制粗俗文化的目標結合起來。這種結合不是權謀之計，而是由深入闡發魯迅作品的內涵自然而然產生的一種結果。魯迅是一個豐富的存在，僅就他在看不到希望的時候不向命運低頭，為民族的命運而堅持戰鬥，要從沒有路的地方走出一條路來的頑

強精神而言，他就具有人格上的非凡之處，值得今天的人們敬仰和學習。如果一個人在遭遇困境時，能從魯迅身上吸取力量，頑強地抗擊這困境，從絕望中走出一條路來，他就是一個有志向和勇氣的人，借用毛澤東的話說，即是「一個高尚的人，一個有道德的人，一個脫離了低級趣味的人，一個有益於人民的人」。毛澤東沒有說錯──魯迅的方向，就是中華民族新文化的方向。魯迅作品中的政治意義在「後革命」的時代可以適當淡化──它可以作為學術的問題出專家去討論，作為後人正確地認識歷史的一條途徑，而對於一般的讀者，或者如中學生來說，魯迅作品中的道德意義和文化意義則更有價值。魯迅可以成為一個道德的榜樣，啟發人們去正確地面對歷史、面對現實、面對他人和面對自我。通過魯迅的作品認識魯迅的人格，向魯迅的境界看齊，把魯迅作品中那種內在精神，他的歷史責任感和現實使命感弘揚起來，我們民族的文化素質何愁不能提高，當前的粗俗文化泛濫何愁不能遏止？

　　第三，要把魯迅當作一個人，而不是一個神，讓中學生透過魯迅的內心世界去感受他的優秀品質，去理解他的高遠思想。魯迅在探索真理的道路上經歷了曲折的道路，他對歷史的洞見，對現實的深刻批判，是伴隨著他的困惑、痛苦和憂思的，有時甚至要陷於絕望的心境。他的高出常人的地方，主要就在於他堅信「絕望之為虛妄，正與希望相同」，不主張因為絕望而停止探索。所以魯迅式的高瞻遠矚不是神性啟示錄，而是一個人經由艱難的探索所獲得的發現，是人生智慧的象徵。向中學生講解魯迅的作品，就是要把魯迅作為一個人在認識中國的歷史和現實的過程中所經歷的曲折心路展示出來，把作品的意蘊中所包含的魯迅內心掙扎和思想矛盾的過程解釋清楚，讓年輕的中學生可以結合自己經歷過的小挫折、小艱難去體味魯迅所經歷的大挫折、大艱難，或從歷史的複雜背景切入，理解魯迅的複雜性，從而拉近與魯迅的距離。這樣做，顯然能夠比一般的說教更能幫助年輕學生真切地認識到魯迅的非凡之處。

　　第四，要對魯迅及其作品採取一種歷史的辯證的觀點，適當向學生展示不同闡釋的可能性及其意義。魯迅是一個人，也就意味著他的見解會有片面性，他的作品會有歷史局限性。然而更為重要的是，那是一個偉人在歷史規定性中所難以避免的片面性，它是與其歷史的深刻性不可分割地結合在一起的。要努力從開闊的歷史背景和複雜的現實條件中向學生講清楚魯迅和他的作品，防止把魯迅神化，而在目前環境中更要防止把魯迅娛樂化──通過誇

大或虛構魯迅的自我悖論而消解魯迅的意義。

　　除此之外，目前中學裏的魯迅作品教學還應該遵循一般文學作品教學的普遍規律，如審美教學法、情感誘導教學法等。總而言之，「魯迅」的經典性迄今仍在建構的「路」上。每個時代有每個時代的「魯迅」。在社會文化潮流轉向消費和娛樂的今天，代表了國家未來的青年一代所應該理解和掌握的「魯迅」，我認為主要就是文化的「魯迅」，作為道德榜樣意義的「魯迅」。通過這樣的「魯迅」，鼓舞他們去書寫自己有理想、有追求的豐富人生！

（原載《徐州師範大學學報》2011 年第 3 期）

武漢大學「魯迅」教學和研究的世紀回顧

　　魯迅是一座豐碑，矗立在追求現代化理想的中國知識分子心上。魯迅受到許多人的崇敬，也曾遭受一些人的質疑乃至攻擊。無論是崇拜他，還是對他表示質疑，各有緣由，但毫無疑問皆可從中透視中國現代文學史、現代思想史乃至現代革命史的一些重大問題。魯迅沒有到過武漢，但他與武漢大學有著重要關係。這不僅是因爲與他曾有過節的一些重要文人從上個世紀 20 年代起先後在武大任教，更由於魯迅的一些經典作品從 1930 年代起就被搬上武大的講堂了。可以說，關於魯迅的教學和研究是與武漢大學文學院的學科建設同步前行的。

一、評論期：蘇雪林的魯迅研究

　　武漢大學文學院中文學科，最早可以追溯到 19 世紀末由張之洞創辦的自強學堂所開設的「漢文」課，到了 20 世紀初的方言學堂，「漢文」課改爲「中國文學課」。1917 年，國立武昌高等師範學校時期成立國文系。1928 年，國立武漢大學文學院成立時設置文學院，下轄中國文學系、外國文學系、哲學系和史學系，聞一多出任院長。就在 1928 年，陳西瀅來武漢大學文學院任教，後又兼任文學院院長直至 1943 年。在他任職期間，葉聖陶、朱光潛先後到武大文學院任教。〔註1〕此前，郁達夫於 1925 年初至 11 月也曾擔任過武昌高等

〔註1〕　葉聖陶（1894～1988），1937 年 10 月至 1940 年夏間在樂山任武漢大學中文系
　　　　教授；朱光潛（1897～1986），在 1938 年至 1946 年間任教於武漢大學文學院。

師範學校文科教授。作為現代評論派的重要人物，陳西瀅在北京女子師範大學學潮中因支持教育總長章士釗和女師大校長楊蔭榆，受到魯迅的猛烈批判，他也寫文章做了回應。但他的「閒話」擋不住魯迅雜文的犀利鋒芒，他的「正人君子」形象停格在魯迅的筆下了。到武漢大學任教後，陳西瀅沒有再與魯迅正面開打筆仗，而在魯迅研究方面做出重要成績，後又因發表公開信惡意攻擊魯迅而引起一場軒然大波的，卻是 1931 年開始擔任武漢大學文學院教授的蘇雪林。

　　蘇雪林，「珞珈三女傑」之一〔註2〕，安徽太平人。她任武漢大學文學院教授直到 1949 年離開大陸去臺灣。1934 年 11 月，她在《國聞周報》第 11 卷第 44 期上發表了《〈阿 Q 正傳〉及魯迅創作的藝術》一文，大力推崇魯迅的《阿 Q 正傳》及其小說的藝術成就。她在文章開篇就寫道：「誰都知道魯迅是新文學的老資格，過去十年內曾執過文壇牛耳，用不著我再來介紹。關於他作品的批評，雖不說汗牛充棟，著實也出過幾本小冊子，更用不著我來饒舌。不過好書不厭百回讀，好文字也不厭百回評，只要各人有各人自己的意見，就算淺薄，也不妨傾吐一下。」接下來，她就論及魯迅的兩本小說集，說：「魯迅的創作小說並不多，《吶喊》和《彷徨》是他五四時代到於今的收穫。兩本，僅僅的兩本，但已經使他在將來中國文學史占到永久的地位了……《阿 Q 正傳》可算是魯迅的代表作。聽說已經翻譯為好幾國文字，與世界名著分庭抗禮，博得不少國際的光榮。最早批評這批文字的人有周作人、胡適、陳西瀅、沈雁冰等。又有人將它編成戲劇。現在『阿 Q』二字還說在人們口頭，寫在人們筆下，評論文字若著意收集起來，不下數百則。自新文學發生以來像《阿 Q 正傳》魔力之大的，還找不出第二例子呢。」她對魯迅創作的成就可謂評價極高。

　　蘇雪林對《阿 Q 正傳》的具體分析，更能見出她的眼光。她問：「《阿 Q 正傳》這樣打動人心，這樣傾倒一世，究竟是什麼緣故？說是為了它描寫一個鄉下無賴漢寫得太像麼，這樣文字現在也有，何以偏讓它出名？說是文筆輕鬆滑稽，令人發笑麼，為什麼人們不去讀《笑林廣記》，偏偏愛讀《阿 Q 正傳》？告訴你理由吧，《阿 Q 正傳》不單單以刻畫鄉下無賴漢為能事，其中實影射中國民族普遍的劣根性。《阿 Q 正傳》也不單單教人笑，其中實包蘊著一

〔註2〕 「珞珈三女傑」，是指當時任教於國立武漢大學文學院的袁昌英、蘇雪林和凌叔華，亦稱「珞珈山上的三個文學朋友」。她們是生活中的好朋友，又是五四後中國文壇頗有名氣的女作家。

種嚴肅的意義。」她於是轉向對《阿 Q 正傳》所影射的中國民族劣根性的分
析，所得出的結論是：《阿 Q 正傳》所影射的中國民族的劣根性其犖犖大端有
「卑怯」、「精神勝利法」、「善於投機」、「誇大狂與自尊癖」。她結合作品對這
阿 Q 精神的這幾種特徵進行細緻分析，可以說切中肯綮。比如說到阿 Q 的精
神勝利法，她舉出宋代徽欽二帝被金人擄去，元朝楊璉眞珈發掘南宋會稽諸
陵，以帝后的骨殖雜牛馬骨築白塔而埋之，此爲宋遺民最切齒的深仇，迫切
需要一種精神的補償，於是時人先造了一個「冬青樹」的傳說，後又造一個
元順帝爲宋末帝瀛國公血胤的傳說來欺騙自己。這樣舉例，矛頭是直指封建
統治階級及其文化的。說到誇大狂與自尊癖，她又強調：「現在大部分的青年
鄙視西洋文化，以爲那是陳舊的腐化的，而且不久即將崩潰的資本主義文化
而不屑加以一顧的一種態度，也由誇大與自尊癖性而來，不過變換一種方式
出現而已。」「具有誇大與自尊癖性的人，也最容易變成過分的謙遜，與自輕
自賤」，比如「有些學者看見八股，律詩，小腳，太監，板子夾棍的法庭，地
獄式的監獄，而說中國全盤文化的本質，原不高明，在世界文化中原來沒有
地位……許多人覺得中國民族若不依靠別的民族合作，永遠不要想翻身。諸
如此類的念頭，日日縈回腦際。從前太過於自信，現在又太不自信，這現象
雖奇特，其實也可以拿上面所說的話來解釋。」除此之外，蘇雪林又指出阿 Q
的「色情狂」，「薩滿教的衛道精神」，「多忌諱」，「狡猾」，「愚蠢」，「貪小利」，
「富倖得心」，「喜歡湊熱鬧」，「糊塗昏憒」，「麻木不仁」，說這些「都切中中
國民族的精神病根，作者以嬉笑之筆出之，其沉痛逾於怒罵」。如此結合歷史
的和社會的現象對阿 Q 形象的意義進行闡釋，應該說達到了那個時代的理論
高度。

　　關於《阿 Q 正傳》的藝術成就，蘇雪林寫道：「善做小說的人，既賦作
品中人物以『典型性』，同時也必賦之以『個性』，否則那人物便會流爲一種
公式主義，像中國舊劇裏的臉譜一樣。陳西瀅說：『阿 Q 不但是一個 Type，
同時又是一個活潑潑的人，他大約可以同李逵、劉姥姥同垂不朽了。』（《新
文學以來十部著作》）這就是說阿 Q 雖然是個典型人物，同時也是個個性人
物。《阿 Q 正傳》之所以在文壇獲得絕大成功，其原因無非在此。」我們不
得不說，「典型」之說出自蘇雪林和陳西瀅之口，足以證明當時左翼文論的
影響之大。蘇雪林正是從阿 Q 形象代表中國人的氣質方面來肯定它的典型意
義的。接著她又從三個方面評價了魯迅小說藝術的特色，一是用筆的深刻冷

雋，二是句法的簡潔峭拔，三是體裁的新穎獨創。她特別肯定魯迅小說的語言的獨創性，說：「中國將來的新文學似乎僅有兩條路可走：第一條路，文學國語化，實行胡適『國語的文學』教訓。第二條路，創造一種適合全國人民誦讀的『標準白話』。能走第一條路固好，否則便走第二條。這種『標準白話』，要不蹈前人窠臼，不抄襲歐化皮毛，充分表現民族性。像魯迅這類文字，以舊式小說質樸有力的文體做骨子，又能神而明之加以變化，我覺得很合我理想的標準。」「其技巧之超卓，真可爲『傳神阿堵』、『神妙欲到秋毫顛』了。自從他創造了這一派文學以後，表現『地方土彩』變成新文學界口頭禪，鄉土文學家也彬彬輩出，至今尚成爲文壇一派勢力。」

我花費這許多筆墨來介紹蘇雪林這篇文章的內容，是有原因的。或許因爲蘇雪林在魯迅剛剛逝世的時候對魯迅惡言攻擊的影響太大也太惡劣了，所以人們後來一提起她與魯迅的關係，就認爲她是反魯的急先鋒，其實此前她研究魯迅還是取得了重要成果的。這篇洋洋 13000 餘言的長文，即使放到今天，仍能見出其見解之深刻和新鮮。更值得注意的是，蘇在文中說：「這篇文字（按指《阿 Q 正傳》）如此膾炙人口，到今沒有具體的解釋，究竟有些悶人。這就是我現在不揣冒昧寫這一篇《〈阿 Q 正傳〉講義》的動機。」她說的是講義，說明此文大概就是她在課堂上講魯迅的一個稿本，這就與當時文壇精英一般評價魯迅的文章有所不同，它代表著魯迅已經走進武漢大學的講堂了。

不過這樣說，也不能迴避蘇雪林後來攻擊魯迅的問題。1936 年 10 月 19 日，魯迅病逝。進步文藝界陷於悲痛之中，蘇雪林卻寫信勸蔡元培不要參加魯迅的治喪委員會，說魯迅是「褊狹陰險，多疑善妒」，「色屬內荏，無廉無恥」，「玷辱士林之衣冠敗類，二十四史儒林傳所無之奸惡小人」，專門在文壇「興風作浪」，「含血噴人」，其雜文「一無足取」，「禍國殃民」。此信請人轉交，但轉交人覺得內容欠妥，沒有交到蔡元培手上，蘇雪林對此頗爲不滿。恰好武漢《奔濤》半月刊來約稿，她就把這封信拿出來以《致蔡孑民先生論魯迅書》發表。文章一經發表，立刻引起公憤，蘇雪林成了眾矢之的。但她並沒退縮，不到一個月後，她又投書胡適，提出要取締「魯迅宗教」，勸胡適出面領導這份「大業」，而她自己要做個堂‧吉訶德式的「先鋒」，「首加魯迅偶像以一矛」。〔註 3〕這封信，以《與胡適先生論當前文化動態書》爲題又發

〔註 3〕 蘇雪林 1936 年 11 月 18 日致胡適信，載《胡適來往書信選》中冊，北京中華書局 1979 年版，第 325〜331 頁。

表在《奔濤》上。令蘇雪林沒有料到的是，胡適不僅不支持她對魯迅的攻擊，反而把她教訓了一頓，說「此是舊文字的惡腔調，我們應該深戒」；又說：「凡論一人，總須持平。愛而知其惡，惡而知其美，方是持平。魯迅自有他的長處。」〔註4〕

　　人們大多讚賞胡適的寬厚，指責蘇雪林的瘋狂偏執。而論及蘇之動機，則又往往扯出她在 1928 年北新書局老闆李小峰招待北新作者的午宴上受到了魯迅的冷遇，經人指點，她明白好像是自己在《現代評論》上發表文章，而魯迅正與「現代評論派」有隙，她因此而受到牽累，便對魯迅懷恨在心，在魯迅去世後要來挾私復仇了。客觀地看，這種解釋是站不住腳的。如果說懷恨在心，她又何必在 1934 年寫文章「捧」魯迅呢？或許可以說這是她的狡詐，在魯迅在世時拍魯迅馬屁，魯迅去世後就來復仇，可問題是在魯迅活著時拍馬屁也得不到什麼好處。我認為，蘇雪林的反魯迅，主要是由於意識形態上的對立，加上她個性的偏執，才說了有損道義的過頭話，說她是惡意攻擊大致也不為過。至於她到臺灣後繼續其反魯事業，則更是意識形態的對立衝突造成的。

二、奠基期：劉綬松的魯迅研究

　　中華人民共和國成立後，加強了對新民主主義革命歷史經驗的理論總結。作為其中的一項重要舉措，教育部規定中國現代文學是一個獨立的學科，中國現代文學史是本科生必修的一門基礎課。在這一學科的初創時期，武漢大學也是走在全國前列的，代表性的學者就是著名文學史家劉綬松教授。

　　劉綬松（1912～1969），原名壽嵩，湖北荊州洪湖人，1949 年至 1969 年任教於武漢大學。他專門研究魯迅的論文，現在可以查到的有《魯迅——祖國文學遺產的繼承者和捍衛者》、《讀魯迅詩一首》等，皆收在 1958 年由長江文藝出版社出版的《京郊集》中。他最有影響的著作，則是兩卷本的《中國新文學史初稿》〔註5〕。這是當時國內用於重點高校中文專業本科生必修課的

〔註4〕　胡適 1936 年 12 月 14 日致蘇雪林信（稿），載《胡適來往書信選》中冊，第339 頁。

〔註5〕　劉綬松的《中國新文學史初稿》出版於 1956 年。1958 年至 1959 年間，作者修改過一遍，作為《中國現代文學史講義》在武漢大學內部印行。1960 年代中期，準備由人民文學出版社再版，因「文革」而中止。現在較為容易見到的是 1979 年人民文學出版社出版的版子。此時劉綬松先生離世已經十載，這個本子由他的學生易竹賢、陸耀東、唐達暉等修訂完成。

少數幾本中國現代文學史教材之一，與早幾年出版的王瑤的《中國新文學史稿》成南北呼應之勢。比較而言，王瑤的《中國新文學史稿》雖然也建立在新民主主義理論基礎上，整體結構上與新民主主義革命史保持一致，但它材料非常豐富，在評價具體作家時又常從「人民本位主義」立場出發，持較為寬容的態度，而劉綬松的《中國新文學史初稿》則更為堅定地貫徹了新民主主義理論，推崇左翼文學和解放區文學，對自由主義文學持較為嚴厲的批判態度。這種差異，除了學者的個性和思想傾向的不同，更多地是反映了 1950年代中期經歷了多次大規模的思想批判運動，包括對所謂「胡風反黨集團」的批判後，學術界對涉及新民主主義革命重大問題的中國現代文學史採取了更為小心謹慎的態度，更多地以新民主主義的政治標準來描述文學運動，闡述創作的意義，因而劉著比王著更帶有意識形態的特色，理論性（政治性）更強，也自在情理之中。

魯迅作為五四文學革命的主將，在「革命文學」論爭初期曾經遭到創造社和太陽社的批判和質疑。但這種「左」的傾向很快被糾正，創造社、太陽社和魯迅聯合，成立了「左聯」。到了毛澤東提出新民主主義理論，學術界便在新民主主義思想基礎上，以強調魯迅向共產主義者的轉變為前提而高度地肯定了他。劉綬松在《中國新文學史初稿》中對魯迅的述評，不言而喻，完全參照了新民主主義的理論，而且所佔篇幅整整三章，足見其對魯迅的重視。不過，之所以用了三章，還因為劉著是按照新民主主義革命史的標準來劃分中國新文學史的。作者把中國新文學史分為五個階段，第一階段：五四運動時期（1917～1921）；第二階段：第一次國內革命戰爭時期（1921～1927）；第三階段：第二次國內革命戰爭時期（1927～1937）；第四階段：抗日戰爭時期（1937～1945）；第五階段：第三次國內革命戰爭時期（1945～1949）。魯迅因此被劃分在三個不同的階段中。

在五四運動期間的魯迅一章中，作者主要介紹了魯迅早期的創作，即《吶喊》中的前幾篇，包括《阿 Q 正傳》。劉綬松在這一章的開頭先引用毛澤東在《新民主主義論》中對魯迅的評價：「魯迅是中國文化革命的主將，他不但是偉大的文學家，而且是偉大的思想家和偉大的革命家……魯迅的方向，就是中華民族新文化的方向。」這為劉著後面的論述定下了基調，即高度肯定魯迅創作的新民主主義性質。

劉綬松說：「《狂人日記》借一個精神病患者的自白，揭露出封建社會裏

『人吃人』的悲慘事實,來反對封建社會的腐朽的傳統和因襲的罪惡。這一主題思想與新文化運動徹底地不妥協地反對封建主義的精神是完全一致的。」《孔乙己》,「依然是一篇暴露封建社會罪惡的作品」。「從《藥》這篇小說,我們更可以看出魯迅的深廣的憂憤……把這樣的悲劇寫下來,作為對於革命者的崇敬的獻禮,同時也沉痛地揭露了群眾的愚昧落後的迷信思想。」「在夏瑜的墳上添上花環,正是魯迅自己當時對革命前途的認識;而同時,也是真實地、具體地反映了革命發展中的現實生活的。革命的理想和現實生活的密切結合,正是一切偉大藝術創作的最基本的特色。」在小說《明天》中,「魯迅對舊社會又投下了沉重的一擊」。《一件小事》,「是魯迅在五四時期對於中國勞動人民的一首熱烈的讚歌」。「《故鄉》是一篇反映舊中國農民生活的作品,字裏行間流露著作者對於廣大農民的深厚感情……『其實地上本沒有路,走的人多了,也便成了路。』在這句話裏,我們可以看到魯迅對於光明的未來有著怎樣堅強樂觀的信念。『五四』新文學的一個最鮮明的特點,就是把理想主義和現實主義結合起來。魯迅的作品是這一時代精神最傑出的代表。」而《阿Q正傳》,「是魯迅最偉大的一篇作品,也是現代中國文學史和世界文學史上聳立的一座豐碑。」接著,他大段引用周揚對阿Q形象的歷史社會意義所做的分析,肯定阿Q是魯迅運用現實主義的創作方法所塑造的一個典型,強調阿Q受地主階級的統治而處於愚昧和落後的狀態中,「通過阿Q和其他人物形象批判了中國『國民性』的共同弱點外,他還給我們暴露了舊中國農村的暗無天日的真實,提出了一連串的急待解決的農民問題。」「歷史證明:只有在工人階級及其政黨——中國共產黨的領導之下,中國農民的潛在的革命力量才能夠充分地發揮出來,中國農民才能夠永遠地從屈辱、卑賤、困乏的生活裏翻過身來,成為自由、富裕和幸福的人民。」

筆者之所以大段引用原著,是想表明,《中國新文學史初稿》對魯迅的創作重在其作品思想意義的挖掘,而他的闡發是嚴格遵照新民主主義理論所規定的標準的。他把魯迅的《吶喊》以1921年為界分為前後兩部分,就是為了與他對新文學史的分期保持一致,歸根到底是為了突出1921年中國共產黨成立所具有的重大歷史意義。

按照這樣的思路,劉著進而充分肯定了魯迅雜文的思想價值。在「第一次國內革命戰爭時期的文學」一編中,他專設一章論述魯迅在1921年至1927年間的創作。這一章的標題——「在戰鬥中前進的魯迅」,下分四節,分別是

「戰鬥的特色和歷程」,「戰鬥的武器之一 ——雜文」,「戰鬥的武器之二 ——小說」,「戰鬥的武器之三 ——散文詩、散文」,其意明顯是在強調此時魯迅創作的戰鬥特色。這一編除了對《彷徨》中的《祝福》、《在酒樓上》、《孤獨者》、《傷逝》和《離婚》進行逐一介紹外,重點是圍繞思想論爭和政治鬥爭史分析這一時期魯迅雜文的思想價值和藝術貢獻。

到了第三編「第二次國內革命戰爭時期的文學」,論及魯迅的創作又是專門的一章,強調了魯迅從革命民主主義到共產主義的轉變和他後期創作中的社會主義現實主義精神。

總而言之,劉綬松在其《中國新文學史初稿》中,是把魯迅放到中國新民主主義革命史的框架中來評價的。這其實是遵命而作,非如此就會犯重大的「錯誤」。從這一意義上說,劉著與同一時期的另外幾部中國新文學史一起,共同規劃並實踐了中國現代文學史的一種述史模式,因而也就奠定了中國現代文學學科中的魯迅研究的基礎。而劉著的特點,則是更為注重魯迅創作的思想意義甚至政治意義的發掘,所以其政治色彩更濃一些。當然,這就不能不影響到它後來的學術影響力。

三、發展期:陸耀東和易竹賢等魯迅研究

上個世紀 70 年代末開始的思想解放運動,給魯迅研究帶來了蓬勃的生機。學術界提出「回到魯迅」的口號,把從前出於實用主義的政治目的對魯迅進行拔高、神化甚至扭曲的風氣轉變過來,根據歷史唯物主義的原理,把魯迅放到他生活和戰鬥過的時代中去,研究他對於新文化、新文學建設所做出的傑出貢獻,發掘他的偉大精神。在這樣的背景中,魯迅研究取得了引人矚目的成就,不僅研究的範圍拓展,研究的深度加大,而且在研究的模式和評價的標準上都有重大的突破,魯迅研究出現了嶄新的氣象。這些成果本身,反過來又成了思想解放運動的重要組成部分,對於推動思想解放、恢復實事求是的思想路線,起了十分重要的作用。

武漢大學的「魯迅」教學和研究,此時也像全國一樣,活躍起來了。早在 1976 年初,根據毛澤東的批示,北京魯迅博物館成立了魯迅研究室,天津、武漢、廣州、紹興先後成立了魯迅研究小組,其中武漢的魯迅研究小組負責人便是武漢大學中文系的教師易竹賢。從 70 年代末開始,武漢大學中文系的唐達暉、陸耀東和易竹賢等就開始魯迅研究。陸耀東從 1978 年開始研究魯迅

與尼采的課題，這在當時是一個非常尖銳的問題，敢直面的人不多。陸耀東在研究的基礎上寫成《試談魯迅評尼采》一文，以歷史唯物主義的態度清理了魯迅對尼采的認識過程，又特別將這種認識過程與魯迅自身思想發展歷程聯繫起來，指出魯迅對尼采的認識，「前期有偏頗，後期基本上正確。魯迅對尼采的認識，和魯迅的整個思想發展歷程是一致的」。此文後入選《六十年來魯迅研究論文選》，得到學術界的充分肯定。張夢陽在《魯迅中外文化比較研究史概述》中對此評價說，「陸耀東這篇論文的學術意義在於在新時期裏較早提出了魯迅與尼采比較論的課題，系統歸納了魯迅在三個不同時期對尼采的不同評論，理清了魯迅對尼采的認識過程，並揭示了這一認識過程與魯迅的整個思想發展歷程的內在聯繫，爲魯迅與尼采比較論的縱深發展開了一個好頭」。趙家璧在《編輯生涯憶魯迅》一書中，評價此文「材料豐富，觀點鮮明，分析深入淺出，是有學術價值的專論文章」，並讚揚此文是「一個大突破，是一次可喜的大收穫」，是繼王元化 1939 年探討魯迅與尼采關係的文章之後的一個新的成果。1981 年魯迅誕辰一百週年，陸耀東又與唐達暉合作撰寫《論魯迅與尼采》，進一步分析了魯迅接受尼采影響的時代原因，魯迅與尼采一些觀點的異同，尼采對魯迅的影響等，並就如何理解這種複雜的歷史現象提出了自己的見解。此文發表後被多次轉載，併入選《紀念魯迅誕辰一百週年學術討論會論文選》。1986 年又被收入中國社會科學院魯迅研究室編輯的《魯迅與中外文化的比較研究》，該書編者評價它「是近年魯迅研究的重要成果之一」，將魯迅與尼采比較論研究課題推入到了一個「更高的層次」。陸耀東先後出版了《魯迅小說獨創性初探》（與唐達暉等人合著）、《魯迅及其作品》、《論魯迅前期思想》。《在魯迅與「拉普」派》的系列論文中，他將魯迅後期文藝思想與「拉普」文藝理論加以比較研究，對拉普理論與中國左翼文學思潮之間的關係作了系統的梳理，爲中國現代文學思潮研究做出了自己的貢獻。

1980 年秋，易竹賢在武漢大學開設了「魯迅研究」課程，其中有關魯迅思想研究部分的講稿，以論文形式同期在國內幾種學術刊物上陸續發表，稍後又整理成冊，在校內作爲教材印出。易竹賢回憶道：「武漢大學從 1980 年秋季開設『魯迅研究』課程以來，已經講過五次，每次都是學生自由選修，最少的有 75 人（限中文系），最多達 230 人（含文科各系及理科部分學生），今年（1986 年）秋季又將開『魯迅思想和雜文研究』，僅中文系選修人數已達 140 人，真可謂盛況不衰……今年春季，中文系一年級開『中國現代文學史課

程』，學期結束時，讓學生自由選題，寫一學習心得作考查的成績，選擇寫魯
迅的約占三分之一，而且寫得都不錯，有的還很有見地，眞正是學有所得。」
〔註6〕可見當時在學生中學習和研究魯迅的風氣之盛。

易竹賢的這部講稿在1984的8月，以《魯迅思想研究》爲書名由武漢大
學出版社出版，總計24萬字。著名的魯迅研究專家李何林先生爲之作序，充
分肯定了它的學術價值，李何林寫道：「我粗略地看了一下，覺得新穎和有獨
創之處：關於六十的來研究的歷史概略；關於『五四時期』魯迅與胡適的對
比研究等，尤爲少見。作者是武漢大學中文系的一位中年教師，比較注意學
習馬克思主義理論。在這本著作中，他力圖以馬列主義和毛澤東思想的基本
原理指導研究魯迅。既反對長期以來『左』的流毒，也反對背離四項基本原
則的資產階級自由化思潮，思想比較解放，實事求是，敢於說出自己的見解。」
「聽說作者爲本科高年級學生和研究生開設的『魯迅研究』課程，頗得青年
們的歡迎。這當然首先是魯迅一生的戰鬥業績和輝煌著作的魅力所致；但同
作者敢於直抒己見，不爲或『左』或右的說法所左右，並掌握了一定的材料
或具有一定的思想深度，也是分不開的。從教學的需要出發從事科學研究，
以研究的成果促進和提高教學質量，也可以說是本書的一個特點。」〔註7〕

這本專著分爲10個專題，分別是：「魯迅研究六十年歷史概略」、「魯迅
的早期思想」、「魯迅與進化論、《天演論》」、「魯迅對『國民性』問題的探討」、
「『五四』時期魯迅與胡適之比較研究」、「魯迅世界觀的轉變」、「偉大的馬
克思主義思想家（上）」、「偉大的馬克思主義思想家（下）」、「魯迅的文藝思
想概觀」、「偉大而光輝的人格」。這些專題體現了作者很強的問題意識和獨
立思考的精神，既合乎學生選修課的需要，又顯示出理論的勇氣，可以說是
當時國內中年學者撰寫的系統完整的魯迅思想研究專著中的代表作之一，產
生了重要的影響。書中的觀點有不少即使到了今天還具有重要的學術價值，
比如他一反當時爲了強調魯迅後期思想的馬克思主義性質，相當普遍地抹殺
了進化論在魯迅後期思想中存在的觀點，提出魯迅思想發生重大變化後，仍
然肯定了作爲自然科學的進化論，並且在進行文化批判時仍然使用進化論的
武器，他的這個觀點是符合實際的。

〔註6〕 易竹賢：《魯迅思想研究小議》，《魯迅研究動態》1989年第10期，收入《學
海涉聞》，湖北人民出版社2004年版，第30頁。
〔註7〕 李何林：《魯迅思想研究・序》，武漢大學出版社1984年版，第1頁。

　　《魯迅思想研究》一個特別重要的貢獻，是首開魯迅與胡適的比較研究。在 1980 年代初，胡適研究還是一個少有人涉足的領域，易竹賢率先把魯迅與胡適放在一起進行比較，在民主與科學的意義上肯定了魯迅與胡適前期的思想成就，這些成就包括共同的反帝反封建的鬥爭，共同的倡導文學革命，共同的對中國小說史的考證與研究，同時又指出魯迅與胡適後來走了兩條不同的道路。他把魯迅與胡適所走的不同道路概括爲「同途而殊歸」，這一形象化的概括，後來曾爲別的魯迅研究專家所借鑒。在那個時候，把魯迅與胡適放在一起進行比較，肯定他們前期的共同功績，這是需要眼光和勇氣的，而其眞正的意義則在於當政治形勢剛剛發生重大變化後，給一直被當成反面人物的胡適以盡可能客觀的實事求是的評價。此外，這一研究在方法論上也有開創性的意義，這就是把比較的方法運用於現代作家研究，在當時此乃尚屬罕見；而且他所進行的比較緊密聯繫對象，沒有淩空蹈虛，展示了樸素厚重的風格。易竹賢正是沿著這一方向，開始了他後來更具有開創性意義的胡適研究。關於魯迅與胡適比較研究的這部分內容，易竹賢先以《評「五四」時期的魯迅與胡適》爲題，發表於《魯迅研究》第三輯（1981 年 6 月），1986 年又入選中國社會科學院文學研究所魯迅研究室編的《魯迅與中外比較研究》，該書編者評價它「資料周詳，條分縷細，分析深入，觀點全面，注意從文化觀念上進行比較研究。」

　　總而言之，這一時期武漢大學的魯迅研究，是走在時代前列的，其特點是前沿性、系統性、科學性，研究者緊密聯繫教學，實現了科研和教學的相互促進。儘管成果中也難免留下了那個時代的一些印記，但總體上看，它們是經得起時間檢驗的。

四、新世紀：多維度延伸的魯迅研究

　　長久以來，魯迅研究既是學術問題，又是政治問題，它與中國現（當）代社會思想發展的歷程是緊緊相聯的。但從上個世紀末開始，情況發生了變化。在市場經濟的條件下，新保守主義思潮和世俗化思潮相互呼應，表現出強勁的發展勢頭。新保守主義傾向於恢復中國傳統文化的核心價值觀，在它的推動下，出現了重評五四新文化運動和文學革命的聲音，其主要觀點是認爲五四新文化運動打斷了中國的道德傳統，文學革命則破壞了中國的美文傳統，新文化運動和文學革命因此背上了某種「原罪」。在這樣的背景下，魯迅

對傳統文化的批判，他大力提倡文學革命，與「學衡派」等保守主義者進行堅決的鬥爭等，其意義便變得含混起來。更重要的是，世俗化思潮迫使文學退居於邊緣地位，魯迅研究也就不再介入當下思想發展的進程了。魯迅偉大不偉大，魯迅是政治革命的旗手還是思想革命的鏡子，對大多數人來說已經不再重要，這些人所關心的是世俗生活，而魯迅只有專家學者才會關心，魯迅研究也就成了一個比較單純的學術問題了。

這種情形對魯迅研究構成了挑戰，當然也未嘗不是好事，因為它有助於研究者以更為純粹的理性立場看待魯迅，深入發掘魯迅身上的精神財富，探尋魯迅與中外文化的多方面聯繫。從上個世紀末開始，武漢大學的魯迅研究就表現出了這種向多個方向延伸的特點，這與全國的魯迅研究形勢是一致的。

所謂多維度延伸，是指擺脫了以前的魯迅研究以魯迅與政治革命的關係或魯迅與思想革命的關係為中心的宏觀研究思路，把魯迅視為一個存在者對他進行範圍更為廣泛的多角度的考察。比如，陳國恩把魯迅置於整個 20 世紀浪漫主義思潮的發展歷程中，研究他從早期的浪漫主義詩學理想到五四批判現實主義創作實踐的轉變，具體探討了魯迅小說的現實主義風格中浪漫主義要素的存在形式，認為魯迅在現實主義風格中融合了浪漫主義的精神，從而使他的現實主義風格具有無可替代的個人特點，而且規定了他的現實主義的批判方向。〔註 8〕方長安從魯迅思想形成、發展的內在邏輯出發，考察魯迅與日本文化、文學的深層次聯繫。他之所以堅持文化的視角，是基於這樣一個基本前提：文化一定程度地規範著作為個體的魯迅的思想，思想進而決定他的文學觀的形成。於是他把以前人們所關注的魯迅與夏目漱石、魯迅與廚川白村等人的個別關係，整合為相互關聯的兩大問題，即魯迅的「立人」思想與日本文化之關係和魯迅啟蒙主義文學觀與日本文學的關係，並對此做了深入細緻的剖析。〔註 9〕趙小琪就《野草》寫了一組系列性文章，提出魯迅在《苦悶的象徵》的翻譯與創作《野草》之間存在著互文性，即二者都在借苦悶的表現呼喚健全的人性，都傾向於與理想讀者的對話，都呈現出艱深、晦澀的特點。《野草》由對權威、英雄的降格獲致了解構的狂歡，在否定性與肯定性、

〔註 8〕 參見陳國恩的《浪漫主義與 20 世紀中國文學》，安徽教育出版社 2000 年出版，陳國恩的 《世紀初的啟蒙與中國現代浪漫主義文藝觀的萌芽》，《魯迅研究月刊》1999 年第 12 期。

〔註 9〕 參見方長安的《選擇‧接受‧轉化——晚清至 20 世紀 30 年代中國文學流變與日本文學關係》，武漢大學出版社 2003 年版。

荒謬與反荒謬的不同意識、思想的對峙和共存中，突現了主體意識的分裂和
對不同文化的體驗，這是受巴赫金狂歡詩學影響所致。儘管《野草》在表面
上與西方後現代主義存在著時空背景的區別，但在人生態度和思維方式諸方
面，又存在著許多隱秘的精神聯繫〔註10〕。這些論題，以前也曾有學者做過，
但他們顯然把問題引向深入了。

　　特別需要一提的是張箭飛的《魯迅詩化小說研究》〔註11〕，這部學術專
著展現了魯迅研究的一種新路徑。魯迅小說的詩化特點，以前也有學者關注，
但張箭飛把它提到了魯迅小說整體風格的高度。她認為，魯迅詩化小說的風
格呈現方式包括：1、「以詩人的感情來敘述」，2、從現實過渡到精神，3、音
樂的移位。音樂移位，首先是一種精心設計的、規律化了的節奏方式，同時
又是一種更為複雜的聲音——意義結構，它相當於一個關鍵詞或主導意象。
圍繞某些關鍵詞和主導意象進行多種多樣的變化（重複、擴延、對比、濃縮
等），作家能夠把文字結構轉換為類似主導旋律的聲音形式，由此獲得某種類
似或逼近奏鳴曲、賦格、諧謔曲、交響樂一樣的東西。她認為，國外學者已
經發現魯迅小說一個典型結構是封套式的。所謂封套結構，是重複手法的一
種特殊運用，也就是「有意識地把故事安排得與開頭呼應」，整個敘述都圍繞
某個可以重複的因素，引申、對比、變奏，直到發展成一篇意蘊豐富的音樂
小說。這與奏鳴曲（sonata）和賦格（fugu）的 aba 結構非常相似，因為它同
樣包括三個部分，即現示部分（exposition）、發展部分（development）和再現
部分（recapitulation）。現示部分引出樂思（musical idea），發展部分把已經披
露出來的主題以多種方式發展下去，再現部分通常是對現示部分的呼應、對
照或強化。因此，魯迅的詩化小說大都可以歸入奏鳴曲類型，如《示眾》、《傷
逝》等就完美地反映了奏鳴曲式敘述結構的對稱性和變化的美感。

　　當然，魯迅也有一些小說沒有明顯的奏鳴曲結構輪廓，而是接近變奏曲、
諧謔曲等其它曲式風格，例如《補天》沒有顯著的 aba 的章法，它的結尾不是
對於開始主題的呼應，而是一個全新的發展：一個以諧謔曲模式展開的結尾。
張箭飛寫道：「無論是哪種曲式，重複和對比及統一和變化是它的基本法
則……每篇小說通常都有一個凝練的主導動機或主題旋律以及從它們派生、

〔註10〕　參見趙小琪的《互文性：魯迅的〈野草〉與〈苦悶的象徵〉的譯介》，《社會
　　　　　科學輯刊》2007 年第 4 期；《〈野草〉的狂歡化色彩》，《天津社會科學》2007
　　　　　年第 4 期；《〈野草〉中的後現代主義特徵》，《天津社會科學》2004 年第 1 期。
〔註11〕　張箭飛：《魯迅詩化小說研究》，廣西教育出版社 2004 年版。

演化出來的樂段（sections），它們彼此呼應，互相修飾，通過一系列的重複和變化，使敘述成爲音樂。因此，我們有理由說，《狂人日記》是一首狂想變奏曲，《風波》是一首詼諧迴旋曲，《社戲》是一首月光小夜曲，《傷逝》是一首悲悼交響樂，《補天》是一首幻想賦格曲……這已非一種風格的借喻，而是一種風格的現實。」

在此基礎上，張箭飛抽繹出詩化小說中的三個要素——詞、意象、節奏，對應於詩化小說的三個層次——思理（logopoeia）、意象（phoenopoeia）和音樂（melopoeia），進行更爲細緻的分析。比如，她分析「路——蛇——墳」的意象，「雪」的意象，「月亮」的意象，「黑色人的意象」；分析魯迅的節奏方式，如重複、對比、變奏、賦格、迴旋、複調。她把《傷逝》讀成了一部交響樂，從「如歌的廣板」，「熱情的快板」，到「變奏曲」，最後是第四樂章的「急板」，從綿綿哀音裏爆發出激昂沸騰的情感，反映出涓生在得知子君死後從焦慮、希望到精神昇華的心路歷程。而所謂「昇華」，就是「掙脫『過去』的羈絆，斷了回返的後路。涓生只能義無反顧地前行，哪怕前面是深淵，但只要走下去，就有突圍的可能。這個賦格段的旋律級層彷彿對應了但丁的《神曲》的三個境界：地獄、淨界和天堂，清晰而細微地表現出涓生靈魂攀援的過程」。

應該說，張箭飛關於魯迅詩化小說的研究是別出心裁的，這不能說是魯迅研究史上曾經有過的整體性突破，但它顯然得益於作者良好的音樂修養和外國文學知識背景，展開了魯迅研究的一種新的可能性。

與此同時，武漢大學中國現當代文學學科點的博士生也進入了魯迅研究的領域，或把魯迅作爲博士學位論文的選題。龍泉明、陳國恩合作指導的博士張克，學位論文《頹敗線的顫動——魯迅與中國文學的現代性》，探討了魯迅創作的「怨恨及其表達」、「現代性的發生」、「審美現代性」等問題。陳國恩指導的博士生吳翔宇的學位論文《虛構的文本與眞實的時間——論魯迅時間意識的嬗變》，從《吶喊》、《彷徨》、《野草》到《故事新編》，探討魯迅時間觀的嬗變，指出魯迅從批判靜態時間的進化意識，到關注主體存在的中間意識，再到實踐古今融通的歷史意識，這與他的歷史意識的變化歷程是同步的。〔註12〕這些研究，突破了一般的思維定勢，表現了年輕學人的新銳眼光，

〔註12〕吳翔宇學位論文的部分內容已經發表，參見陳國恩和吳翔宇的《論〈長明燈〉的空間形式與意義生成》，《中國文學研究》2008年第3期；吳翔宇和陳國恩的《論〈野草〉的時間意識》，《貴州社會科學》2008第9期。

展現了魯迅研究的新的可能性，其前景是樂觀的，而這或許也正是魯迅研究未來的希望所在！

（原載《長江學術》2010 年第 2 期）

周作人思想蛻變問題的再檢討

　　周作人從文學革命的先驅到民族的罪人，這大起大落的人生軌跡不僅關係到他個人的毀譽得失，而且牽連到新文學史上的許多重要問題。歷史表明，只從他「五四」以後的退隱傾向就斷言此人後來必然走上賣國之路，足簡單化的做法，無助於認清他在 20 世紀二三十年代的實際思想狀態和最後墮落的眞正根源，也不利於切實地從他身上吸取教訓。本文想探討的問題是：周作人身上的「兩個鬼」相互是什麼關係；他的思想能否在下水前分成前後兩段；他後來有沒有復古的傾向，其命運能否說是以儒學爲核心的傳統文化的悲劇；若否，那他的悲劇又在哪裏？問題似乎還是老問題，但我的看法與一般的有些不同。這不是故意要來標新立異，實乃周作人是個複雜的存在，可以從不同的角度進行考察，或許也只有通過多方面的考察才能還他一個眞實的面目。

一

　　周作人自稱身上有兩個「鬼」，一是「流氓鬼」，二是「紳士鬼」，也稱「叛徒」和「隱士」。論者多借來說明他的思想發展——從「叛徒」到「隱士」，隱士之後是漢奸，這幾乎成了定論。但周作人的原意卻並非如此。1926 年，他在《兩個鬼》一文中說：「有的只是那兩個鬼，在那裡指揮我的一切言行。這是一種雙頭政治，而兩個執政還是意見不甚協和的，我卻像一個鐘擺在這中間擺著。」(《談虎集》)意思是說兩個「鬼」在他身上是同時存在，並沒有由此及彼的走向。1945 年，他又寫了《兩個鬼的文章》，說法更明確：「雜文的名譽雖然好，整天罵人雖然可以出氣，久了也會厭足，而且我不主張反攻，

一件事來回的指謫論難，這種細巧工作非我所堪，所以天性不能改變，而興趣則有轉移，有時想寫點閒適的所謂小品，聊以消遣，這便是紳士鬼出頭來的時候了。話雖如此，這樣的兩個階段也並不分得清，有時是錯綜間隔的，在個人固然有此不同的嗜好，在工作上也可以說是調劑作用，所以要指定那個時期專寫閒適或正經文章，實在是不可能的事。」（《過去的工作》）倘不以人取文，周作人的這些話按之他下水附逆前的文章是大致符合實際的。

20 世紀 20 年代前期，周作人就開始寫閒適小品。但他寫得最多的還是「得罪人得罪社會」的文章，而且《談虎集》裏的這類文章還有逐年增加的趨勢，最多的是 1927 年，連序和後記共計 35 篇。加上寫於女師大風潮期間、沒有收集的近百篇檄文，以及《自己的園地》和《雨天的書》裏面的《情詩》、《〈沉淪〉》、《破腳骨》、《我們的敵人》、《上下身》、《狗抓地毯》、《淨觀》等名篇，這 200 餘篇的「正經文章」與同一時期的《菱角》、《故鄉的野菜》、《北京的茶食》等三四十篇閒適的小品、書評、茶話相此，分量孰重孰輕，一目了然。所以他說那時寫閒適小品只是作為一種調劑，是可信的。

問題最先出在 1928 年 11 月的《閉戶讀書論》——自己先招認了要「閉戶讀書」，豈非你轉向消極的證據？可實際上，此文是說現在激烈一點的人若亂嚷起來，「容易有共黨朋友的嫌疑，說不定會同逃兵之流一起去正了法」；忍耐著不說呢，恐怕遲早要悶死。最好從頭不煩悶，但此非「聖賢」不能為；或去抽大煙討姨太解悶，而這需要錢。於是，凡人和寒士只有「閉戶讀書」一法。如果不抱偏見，這些話對國民黨政府實行白色恐怖的憤懣出諸反語是不言而喻的。不過，《閉戶讀書論》真正厲害的是它提倡讀史——「獐頭鼠目」輩再生於十世之後，仍要在歷史中露出原形，所以「翻開故紙，與活人對照，死書就變成活書」，如此才不至於被騙，天真地以為「北閥成功」就會出現嶄新的「另一世界」。這無疑是對國民黨新軍閥一針見血的揭露，其力量並不在同一時期的魯迅之下，而藝術手段又比只會空喊口號的青年高明許多。

此後，周作人果然大讀古書，從各類書裏，包括裨史筆記，信手拈來一點因由，寫成暗藏鋒機、趣味盎然的文章，而他的「興趣」又確實在不斷轉移。《看雲集》、《夜讀抄》、《苦茶隨筆》、《苦竹雜記》、《風雨談》，只看 30 年代初出版的這些集子的名稱，已可感受到他是力求「隱」了。然而，這只是問題的一個方面，另一方面——這時的「隱士」身上仍有「叛徒」活著。《看雲集》開頭就是「流氓」氣十足的《娼婦禮讚》、《啞巴禮讚》等 3 篇文章抨

擊世道人心。《論罵人》則稱「現在不再罵人了」，一是因為人之德性不如狗，以「狗」罵人，反是擡舉了人，二則由於「罵之無用」。這樣的正話反說，顯然包含了李贄式的激憤。《看雲集》的最後一篇是《關於征兵》：「對於外國的抵抗，限於開會遊行，口號標語，槍炮兵船則留了起來專備對內使用。」這針砭時政，簡直又是「語絲」的做派了。《夜讀抄》歷來被認為是隱閒的小品集，可裏面同樣有「流氓」氣。如《論泄氣》說的是「放屁」，說著說著就罵到中國人的許多劣根性：「懶惰，浮囂，狡猾，虛偽，投機，喜刺激麻醉，不負責任」等等。《風雨談·關於傅青主》抄古書，頌隱者，堪稱「文抄公」的典範，可周作人卻抱怨說：「沒有意見怎麼抄法？如關於《遊山日記》或《傅青主》，都是褒貶顯然，不過我不願直說。」〔註1〕的確，周作人一些文章的被誤讀，常起因於他的「不願直說」。就拿關於傅青主的這篇來說，他抄傅青主的文章，傳達自己類似的不滿現狀而又感到無奈的矛盾心理。這種心理很可以用他自許的「住在十字街頭的塔裏」來說明。住在塔裏，當然已不是穿弄過巷的「流氓」，但塔在十字街頭，又免不了有時要從窗口伸出頭來說幾句棉裏藏針的話，這就算不上真隱士的所為了。20世紀30年代初，周作人就這樣想求隱而又難以徹底；說話太隱晦，如不細心研究或出於成見，就不能體察其中的不平之意。

不過當時能體察其意的仍不乏其人，這除了他的一二舊友，即廢名、俞平伯，還有郁達夫。郁達夫說周作人那幾年的散文「　變而為枯澀蒼老，爐火純青，歸入古雅遒勁的一途了」〔註2〕，這是很高的評價。魯迅也表示：「周作人自壽詩，誠有諷世之意，然此種微辭已為今之青年所不不」〔註3〕。周作人的《五十自壽詩》向受抨擊，可魯迅認為它有諷世之意。魯迅去世前夕又就周作人說了一段重要的話，據周建人的信，魯迅稱周作人的意見「比俞平伯等甚高明（他好像又引你講文天祥（？）的一段文章為例），有許多地方，革命青年也可採用」；而「有些作者，批評過於苛刻，責難過甚，反使人陷於消極，他亦極不贊成」〔註4〕。周作人講到文天祥的文章，即是《關於英雄崇

〔註1〕　周作人：《1965年4月21日致鮑耀明信》，黃開發編《知堂書信》，北京華廈出版社1995年出版，第381頁。

〔註2〕　郁達夫：《中國新文學大系·散文二集·導言》，上海良友圖書公司1935年出版，第14頁。

〔註3〕　魯迅：《1934年4月30日致曹聚仁信》，《魯迅全集》第12卷，人民文學出版社1981年出版，第395～396頁。

〔註4〕　周建人：《1936年10月25日致周作人信》，《魯迅研究資料》第12卷，天津

拜》。周作人在這篇文章中說：「文天祥等人的唯一好處是有氣節，國亡了肯死」，「但徒有氣節而無事功，有時亦足以誤國殃民」。這無論在當時還是後來，都會被看作他附逆的預兆的，獨魯迅以爲「革命青年也可採用」。原因就在於周作人本意是反對空言愛國，尤其反對「君恩臣節」的陳詞濫調，而主張做些實事，即他所說的「道義之事功化」。魯迅與周作人的思想早已分道揚鑣，然而他們反對清談卻是一致的。這在魯迅，是他戰鬥的現實主義精神的表現，在周作人則是所謂的「知」罷？魯迅敢於在一片責罵周作人的聲浪中肯定周作人有可取之處，顯示了他的實事求是的洞見。這很值得今天的讀者認眞思考。

二

從「五四」到抗戰前夕，周作人的變化是顯而易見的：從積極宣傳新村主義，到對一切政治失去興趣；從大力支持學生運動，到聲稱不再議論時政；從「有信」到「無信」，最後歸於徹底的懷疑主義等等，但這一切主要是在政治上趨向消極，而同時他在文化上的反封建立場卻並沒有根本的改變。比如，30 年代初他看到有人稱讚林琴南，便做《關於林琴南》，指出林想維持的不過「三綱」而已。得知北平市長要取締男女同校，即著《關於孟母》，認爲眞正有害的是學生在家裏見習妾、婢、賭、煙等邪僻事，所以若依孟母之教，該是學生「不准住有妾婢等的家中」。《關於割股》則引經據典，抨擊士大夫「只是以人當藥耳」。《現代散文選·序》，暗示當局提倡的尊孔讀經運動背後有政治勢力的支持，然而正因爲它要藉重政治的外力，它在文學上難以站住腳是注定的了。此外，他繼續攻擊八股，貶斥道學，反對性不淨觀，爲婦女爭取權利等等。不難看出，這些寫於 1930 年以後的文章，與他五四時期的反封建主題是一脈相承的，貫穿的同樣是人道主義和個性主義相調和的思想。

周作人從《人的文學》開始，把西方的人道主義和個性主義調和起來，改造成「個人主義的人間本位主義」，既獲得了抨擊封建主義的思想武器，又避免了人從「自由意志」走向極端個人主義。30 年代，他在文化問題上仍堅持這一基本立場，用人道主義爲婦女兒童爭取做人的權利，用個性主義反對思想專制，要求言論自由。這可以歸結爲他自許的「啓蒙的態度」。因此，平心而論，此時他在反封建這一點上並沒有背叛「五四」的傳統。

人民出版社 1983 年出版，第 82 頁。

　　其實，周作人從政治上趨向消極，這本身就體現了他的「個人主義的人間本位主義」的前後一致性。前期他用這一武器從事思想革命和文學革命，然而他所提倡的新道德包含著民主、平等、人權等內容，核心是個性解放和人的自由。所以他常常在批評社會的空隙，要尋一角安靜的去處，品味一點人生的「趣味」，所謂在江村小屋，烘白炭火，喝清茶，與友人說閒話的那種境界便是。可見「流氓」身上早已有了「紳士」氣。說穿了，「流氓」和「紳士」在周作人原是一回事，爭的都是個性自由，不過一粗魯一文雅罷了。隨著形勢的發展，周作人的薔薇色的夢漸漸幻滅。政治黑暗依舊，民主自由無從談起，思想界的復古勢力遠沒有消聲匿跡，他便以為從前的亂喊亂叫毫無效果，那麼他說文章無用也屬當然的了。於是，他改變方針，要在十字街頭造起塔來。具體地說，即是削弱人道主義和個性主義的社會批判力度，只用它來保證個人的思想自由和人格尊嚴，使自己與政治鬥爭分離，以求得一己心境的平和沖淡。這便是「隱士」的由來。但既然這是以人道主義和個性主義為思想基礎，人道主義和個性主義的思想光芒難免要透出身外，射到社會思想領域，所以他有時還要擦過政治的邊緣，發點議論，出口烏氣，「隱士」心裏其實仍有「叛徒」活著。可以說，周作人從政治上頗多理想樂觀而歸於懷疑和消極，這僅是較為皮相的變化，他的精神世界的深層卻基本是原封未動的。前熱後冷，既是人道主義、個性主義的不同表現，也是它們與環境相互作用的必然結果。

　　實事求是地評價周作人的這種思想狀態，關鍵在於把握好五四傳統與 30 年代的時代精神兩者的關係。五四啟蒙主義由於缺乏必要的群眾基礎，它的改造國民性的目標事實上難以通過啟蒙的宣傳來實現。阿 Q 讀不懂魯迅小說，所以魯迅的啟蒙理想終成畫餅。魯迅後來改變對文學作用的過高估價，這不僅僅是文學觀念的轉變，更重要的是他改變了對待啟蒙運動的態度。換言之，在當時中國教育遠沒有普及、群眾普遍不覺悟、封建意識還很強大的條件下，只要是堅守「立人」的基本目標者，他遲早要從思想啟蒙的立場轉向社會革命。因為只有在社會革命的過程中，不覺悟的民眾才有可能因為看得見實際的利益而被迅速地動員起來。然而當啟蒙運動真的轉向低潮、社會革命佔據了歷史舞臺的中心時，以啟蒙為主要內容的思想革命傳統就面臨著艱難的選擇：要麼堅持原來的通過人的解放實現社會解放的路線，遭受被社會革命時代冷落的命運；要麼跟上時代的步伐，轉向無產階級解放鬥爭。這樣的轉變

實際上是在新的時代條件下，五四思想革命傳統合乎歷史邏輯的發展。最先傳達出這一信息的是創造社的「轉換方向」。但創造社的那幾篇文章粗暴地割斷了革命文學與五四文學的聯繫，以致魯迅也成了「封建餘孽」、「二重反革命」。眞正繼承並發揚五四思想革命傳統的恰恰是魯迅。魯迅拋棄了唯心主義的歷史觀，接受了馬克思主義，可他並沒有因此否定五四的啓蒙主義成果，相反卻還吸收了其中的精華，把人的自覺精神與社會革命的學說結合起來，使馬克思主義成了指導他鬥爭實踐的活的靈魂。可以說，魯迅二三十年代之交的思想蛻變，是他對五四啓蒙主義的順應時代潮流的超越。相比之下，周作人卻沒有經歷這樣深刻的精神裂變。他儘管也不滿國民黨當局，他的思想卻依然停滯在五四啓蒙主義的水平上。時代前進了，周作人還在原地踏步。所以他的落伍，不是從五四啓蒙主義的立場後退，而是與前進的時代產生了距離。由於這一距離，或者說由於他固執地堅持啓蒙主義的立場，主張寬容，反對思想統一，要求言論和創作自由，他現在不僅與反動當局存在著矛盾，而且與代表新興階級的左翼文藝運動也發生了衝突。後者爲其無產階級革命的性質和任務所規定，要求有統一的指導思想，要求文藝成爲動員群眾和打擊敵人的有力的武器，因而必然要在文藝戰線上批駁自由主義的觀點。總的看，這種批駁表現出了崇高的歷史使命感，前後綜合起來，有一些很中肯的意見，是中國馬克思主義文藝思想的重要組成部分。但也不能因此掩蓋這樣一個事實：那時反封建的任務其實並沒有眞正完成，它只是被更爲緊迫的社會革命暫時掩蓋起來罷了。所以可以認爲，如果當時能用更爲深遠的眼光，在批判周作人政治上落伍的同時，冷靜地肯定他的反封建立場依然具有現實的意義，也許會產生更爲積極的成果。待到抗戰爆發，剛回國的郭沫若聽說周作人沒有離開北平，特地寫了《國難聲中懷知堂》；在初次傳出周作人出席了日本人召集的座談會的消息後，《抗戰文藝》第4期以封面的顯著地位發表了茅盾、郁達夫、老舍等18位著名作家致周作人的公開信，勸他懸崖勒馬，這些其實就體現了進步文藝界在新的形勢下調整了文藝政策，重新回到統一戰線的立場上，放寬了批評的標準，來回應歷史所提出的更爲普遍性的要求。可遺憾的是，這些努力對周作人已經沒有多少實際的意義了，因爲他很快就要滑向背叛祖國的深淵了。

三

　　有學者認為周作人的悲劇是以「中庸」為核心的中國傳統文化的悲劇，或認為他從反封建開始而以復古告終。這兩種說法，都涉及周作人與傳統文化的關係。

　　周作人的確是個中庸主義者。他在五四時期就強調「獸性與神性合起來便是人性」（《人的文學》），認為婦女解放的重要途徑是性的解放，但性的解放不是要人們去縱欲，而是要像「人」那樣自己負責（《狗抓地毯》）。這連他自己也承認「既不保守，也不能算怎麼激烈，據我看來還是很中庸的罷」（《夜讀抄・〈性的心理〉》）。這種調和論，幾乎貫穿在他思想的各個方面。在人生觀上，他提倡不道學也不淫樂，即審美地享受生活；在美學觀上，他反對「載道」，崇尚「言志」，可這種個性的自由最後又歸結於「和諧」，即平和沖淡的更高境界；在文學觀上，五四後不久他就轉向「無用論」，但這是就「教訓」而言，至於給人以美的享受和知識的增加，他又認為文學還是有用的（《苦茶隨筆・後記》）；在文藝批評上，他主張寬容，認為「批評是印象的鑒賞，不是法理的判決」，堅決反對獨斷（《自己的園地・文藝上的寬容》）；在改造國民性問題上，他認為不應抹殺本民族的長處，但也不應護短，否則只是「狂信」的「拳匪思想」（《雨天的書・與友人論國民文學書》）；就連「叛徒」與「隱士」的來回轉，也是一種中庸——在激烈時提醒自己不要過火（《談虎集・後記》），在意欲退隱時又常常忍不住要來「亂談」一氣。總之，周作人處事待人一般都表現出中庸的態度，就像他自稱的：「凡過火的事物我都不以為好」（《談虎集・後記》）。

　　但必須清楚，周作人的中庸是以人文主義為思想基礎的現代人的中庸，其主旨在於反對極端，主重身外和心內的和諧，強調自然人性和個體生命的質量。這與中國正統的儒家文化幾乎沒有實質的聯繫，甚至反而是針鋒相對的。《中庸》有云：「天命之謂性，率性之為道，修道之為教。」朱子批曰：「命，猶令也。性，即理也。天以陰陽五行化生萬物，氣以成形，而理也賦焉，猶命令也。於是人物之生，各得其所賦也，以為健順五常之德。」這是把天看作有意志、合目的的天，由這天道衍化出相應的人倫，目的是以天理來規範人欲。但天也可以解做自然之天，沒有目的意志，由這樣的天道觀就能演繹出發乎自然的人倫觀。於是，《中庸》的「率性之為道」也就有了自然人性的意義。這當然是離經叛道之說，可它正是周作人拿來解《中庸》的根據。他

寫道：「生活的藝術在有禮節重中庸的中國本來不是什麼新奇的事物，如《中庸》起頭說，『天命之謂性，率性之為道，修道之為教，』照我的解說即是很明白的這種主張（筆者案禁欲與縱欲的調和）。不過後代的人都只拿去講章旨節旨，沒有人實行罷了。」（《雨天的書・生活的藝術》）這樣的中庸觀，自然像他自稱的「所根據的不是孔子三世孫所做的那一部書」，而是「一點淺近的常識」（《談虎集・後記》）。他的「常識」，大致包括歷史知識，生物學、心理學、社會學、兒童學、民俗學、神話學，以及天文地理等自然科學知識。常識也好，科學也罷，都是現代的觀念，周作人要拿它們來對付封建正統文化。他後來常掛在嘴上的「人情物理」，是「常識」的另一說法：「人情」是靈肉調和的標準，「物理」是現代科學知識。以此為基礎的中庸思想，顯然具有強烈的反封建的意義。

有了這些「雞零狗碎」的常識，周作人再也難守一家之言。這顯示了現代人的獨立思考、不盲從狂信的思維特點，即對各種學說、主義採取兼容並包，不為其中一種所束縛的態度。這種態度是方法論上執兩端而用中的中庸主義。總之，周作人的「中庸」是現代人的，又是反對走極端的。前者使他與正統文化劃清了界線，後者則使他在反對封建專制的同時，也反對階級鬥爭的學說。這說明僅憑常識有時也會犯錯誤，因為常識不能保證從社會內在發展規律上預見到馬克思主義的真理性。不過這類錯誤，似乎象徵著科學與信仰的微妙關係，表明具體的科學知識自有其實際的限度。

周作人又用這點常識來重讀古人，突出了孔子常人的煩惱和他近人情的一面（《〈論語〉小記》），讀出了孟子的民本主義（《談虎集・讀孟子》）。這取捨之間，無疑塞進了現代民主主義的思想內容。因而，周作人的讀古書絕非簡單的復古，而是貫穿了他做為現代人的反封建精神的，誠如他自己所言：「古書絕對的可讀，只要人是『通』的」（《談虎集・古書可讀否的問題》）。所謂「通」，即是要有現代人的腦筋，能自己分辨味之清濁，不致為古書所誤。

周作人讀得最多的倒是非正統派的文章。他喜歡陶淵明的意誠辭達、純任自然，顏習齋的思想清明，「不專為一家之言」，佩服金聖歎臨到砍頭還不忘開玩笑，讚賞傅青主的厭惡「奴俗」，不作驢鳴狗吠的文章等等，用的全是人情物理的標準，取其純任自然、不以功名利祿為意的好處。他竭力推崇晚明小品，也因為晚明小品獨抒性靈、不拘格套，「是旁門而非正統」，而他的「偏見以為思想與文藝上的旁門往往要比正統更有意思，因為更有勇氣與生

命」(《風雨談・〈梅花草堂筆談〉等》)。同樣的道理,他比較親近佛道,因為在名教一統天下的時代,佛道之學多少給了文人一角思想自由的天地。總而言之,周作人的思想主要是與傳統文化的「旁門」,如陶潛、顏習齋、公安派等有很深的關係,而這種關係的真正影響是使他更覺得中國正統的儒家文化的黑暗,因而要轉向西學,確立起「個人主義的人間本位主義」。這樣,把周作人籠統地派為傳統文化的代表已屬牽強,再由他的失節判定這是以「中庸」為核心的中國正統文化的悲劇,更加名實難副。中國正統文化講究華夷之辨,得其精髓者不致去當漢奸。儒家的中庸之道強調「不偏不倚」,「過猶不及」,甘心事敵豈非大有違於「用中」的精神?因而可以說,儒家的「中庸」與周作人的附逆沒有必然聯繫,他的悲劇也不是以儒家學說為核心的中國傳統文化的悲劇。

其實,儒家的「中庸」在歷史上是起過調節人間關係之進步作用的,它的消極性,只在封建社會的後期才充分暴露出來。至於周作人,他卜水附逆前的悲劇,主要還是在社會革命條件下沒有獨立政治前途的中國自由知識分子的悲劇。

四

周作人最終當了漢奸。不過這不由傳統文化或他的自由主義立場決定。

首先,是因為他對時局持悲觀的看法。他認為當時的局勢很像「明季」:國家積重難返,「流寇、方鎮、饑荒」、「黨爭」頻仍,政府抗戰不力,海軍不足以抵敵,民眾又形同「拳匪」,凡此種種,結論便是戰則必敗。仗打不得,只有講和一法。抗戰前夕,他引經據典屢為歷史上的主和派鳴冤叫屈,認為主和不容易,甚至更需要勇氣。其中引趙翼《廿二史箚記》卷三十五云:「宋之南渡,秦檜主和議,以成偏安之局,當時議者無不以反顏事仇為檜罪,而後之力主恢復者,張德遠一出而輒敗,韓侂胄再出而又敗,卒之仍以和議保疆。」他的意思是「南宋之恢復無望殆係事實」(《苦茶隨筆・關於英雄崇拜》)。本來,主戰、主和是一種應對的策略,不能與愛國賣國劃上等號。胡適就曾幻想與日本人議和,走「和平解決」的道路。這或在輿論上有利於蔣介石的不抵抗政策,可他就是沒當漢奸;相反,抗戰全面爆發後,他受命於危難之際,出任駐美大使。〔註5〕至於秦檜,正統如朱熹、近人如呂思勉對他的看法

〔註5〕　易竹賢:《胡適與現代中國文化》,武漢大學出版社1993年出版,第198～199頁。

都與通行的有別，不獨周作人要來標新立異，何況周作人 1937 年 6 月還寫了強烈反日的《日本管窺之四》。周作人此時的問題，並非爲賣國造輿論，而是由於不相信群眾的力量，看不到民族危亡關頭民心可用，正義戰爭得道多助，對時局深深失望了；同時也因爲對日本帝國主義存著幻想，以爲侵略會止於某一範圍，就像他在致友人書中所言，「大抵幽燕淪陷已屬定命，而華夷之界則當在河」（《與俞平伯君書》），因而大概想傚仿南宋偏安一偶了。

在這種以古例今的言論中，最糟糕的是他的歷史循環論。將時局與明季相比，稱「中國的歷史多是循環的」，便是這種歷史觀的反映。既然認爲歷史只在轉圈，看不到它的螺旋式上昇，那就自然要對現狀取聽天由命的態度，說不定他還眞的按「世事輪迴」的觀點在等著歷史轉回來，於偏安南方後再來徐圖恢復中原？結果，就是喪失了任何反抗的熱情。

周作人不離開北平，也是一大失著。北平淪陷前夕，許多文化人紛紛南遷，他卻沒有動。他找了種種藉口，但如許多學者指出的，眞正的原因是他害怕逃亡路上的鞍馬勞頓，捨不得八道灣裏的舒適生活，而我以爲，還因爲他已準備好當遺民。他這一時期寫文章，大談明末遺民傅青主、陳老蓮，喜歡他們的清高、潔癖和寄沉痛於悠閒的態度。遺民者，懷亡國之痛，具守節之名，而無性命之虞，可以發故宮黍離之哀思，在病態的人看來也不失爲無奈中的一種特別的審美生活。周作人在《風雨談·小引》中說：「風雨凄凄以至如晦，這個意境我都喜歡，論理這自然是無聊苦寂，或積憂成病，可是也『胡云不喜』呢？」這樣的意境，一當遺民便可即得，因爲淪陷後的北平整個兒就像一個「苦雨齋」。在這樣的「齋」中，他自信堪當「出門托缽化些米麵」的一個老僧，教書譯書苦度光陰而不落水是有把握的。因而在致友人書中，希望別人把他之留在北平當做蘇武看，不以李陵觀。可是世事不由人，周作人在日本留過學，又娶了日本太太，加上他在中國文化界的赫赫名聲，要在日本人鼻子底下獨善其身委實是難上加難。果然日本人看中他，要拉他給「中日親善」裝點門面，於是他面臨一個關乎名節的抉擇。

如何回應民族之敵的拉攏，最終取決於個人的態度。留平文化人中，絕大多數都堅守晚節，周作人卻經不起考驗，一聲槍響打破了他當個「老僧」的如意算盤，也嚇散了他的魂，由此一步步滑向深淵。這裡除了上述種種原因，還有一個被人忽略了的因素，那就是他的「個人主義的人間本位主義」的蛻化變質。周作人吸收了西方自然人性和個性自由的觀念，又用「人間本位」即平等、博愛的原則對個性主義加以限制，強調用「理智」來節制「獸

性」，認爲「個性是個人的唯一所有，而又與人類有根本上的共通點」(《談龍集・個性的文學》)。這樣的個性主義既發揮了反封建的積極作用，又避免了極端個人主義的負面效果。但到 30 年代，他越來越對現實失望，開始更多地用個性主義來維持自我內心的平衡，「人間本位」慢慢轉向個人本位，原本的批判武器縮小了應用範圍，變爲僅僅保護自我尊嚴的手段。雖然它仍屬於人文主義的範疇，如肯定現世和人的權利，可這「人」已更多地偏向「個人」，削弱了對社會承擔的義務。當形勢惡化，逼得人在生死之間做出抉擇時，周作人就循著這一方向進一步滑落，由此產生了兩種極爲有害的後果。一種是個性主義與遺民心態結合，因後者的安於現狀而使個性主義失去了它固有的叛逆精神，因前者的看重個人權利和生命價值而致遺民心態喪失了它本來的民族氣節，結果個性主義變成了活命哲學。周作人後來不止一次地說他苟全性命於亂世，就因爲這緣故。這種以活命爲最高目的的個性主義與重視生命價值的人文主義看似同出一源，但兩者相差何止千里。第二種，便是個性主義所強調的獨立精神這時反成了他與時代溝通的重大障礙。他對自己的選擇心安理得，對於社會的正義呼聲，友人的熱烈規勸，乃至全民動員的抗戰熱潮，都輕易地做到了視而不見、聽而不聞，即使有所見聞，也有理由加以婉拒，眞到了不可救藥的地步。這一切，全是因爲他放棄了對社會、對民族的承諾，只把個性主義當作擋箭牌來推卸道義責任，逃避良心的譴責。現代人文主義把周作人推到了五四反封建浪潮的巔峰，經過一系列的蛻變，又成了他背叛祖國的一個重要思想根源，實在值得世人深長思之。

　　必須指出的是，上述種種因素在周作人下水的過程中，是綜合地起作用的。少了其中一個，比如他及時離開北平，他沒有跟日本的那一層複雜關係，他是個無名之輩，或者他深明大義，都會影響其它因素的作用，他的晚節也許就會完全兩樣。強調這點，並非要爲周作人辯護，而是爲了表明，周作人的失節不是命定的，不是他 20 年代的思想動向或他所受的傳統文化的影響已經注定了他後來必然要走這一條末路。換言之，他的下水是各種因素相互作用的結果。這一結論，想必足以提醒人們，要格外地重視平時的思想道德修養。

(原載《武漢大學學報》2001 年第 4 期)

周作人與「江戶情趣」：
兼與永井荷風比較〔註1〕

　　周作人對日本文化有很深的研究。他一生情繫日本，有深深的日本情結，用他自己的話說：「大概從西洋來的屬於知的方面，從日本來的屬於情的方面爲多，對於我卻是一樣的有益處。」〔註2〕他對日本文化的興趣主要集中在江戶時期，像浮世繪、川柳、落語、人情本、俗曲以及日本的鄉土、民風、民俗等，他都是用中國人或者說是東方人的方式，當然也是現代人的眼光來體悟的。他這種體悟有一個重要的參照系，那就是同樣沉湎於江戶情趣的永井荷風。

　　永井荷風是日本唯美主義的代表作家，深受西方、尤其是法國唯美主義文學的影響。由於不滿日本明治時期盲目模仿西方的浮淺文化，加上政治思想上受明治政府的壓制，他轉而進入日本江戶文化，在妓女遊廓中尋找低迴的傳統情趣，用唯美「頹廢」的趣味與生活方式來表達對日本明治政府和現代文明的不滿。故本文所說的「江戶情趣」又與西方的唯美主義文學有關，具有現代唯美「頹廢」的含義。周作人的人生和文學也有很「頹廢」的一面，除了西方唯美的「頹廢」思想影響外，日本的唯美文學和江戶文化所表現出來的低迴情趣對他也有很深的影響。20 世紀 30 年代以後，永井荷風成爲周作人文章中提到最多的日本作家之一，對江戶文化的偏愛和當時十分寂寞的心境都使周作人把荷風視做心儀的知己，並引爲同調。周作人和荷風在人生和文學上都有很頹廢、唯美的一面，這可看做是西方「頹廢」的唯美思潮影

〔註1〕　本文與孫德高合作。
〔註2〕　鍾叔河：《周作人文類編》⑦，湖南文藝出版社 1998 年版，第 456 頁。

響結果。因而，如何看待西方唯美「頹廢」在中日兩國的影響及表現，進而言之，在東西文化背景中怎樣比較中日兩國在接納西方唯美思潮方面的異同，如何認識它們和各自文學傳統的關係等等，就成了很值得探討的問題。

一

所謂「江戶情趣」，通常指日本江戶時期平民藝術所表達的市民化審美趣味，這可用周作人老愛引用的永井荷風在《江戶藝術論》中的一段話來說明。這段話是：「憑藉竹窗茫然看著流水的藝妓姿態使我喜。賣宵夜面的紙燈寂寞地停留的河邊的夜景使我醉。雨夜啼月的杜鵑，陣雨中散落的秋天的木葉，落花飄風的鐘聲，途中日暮的山路的雪，凡是無常無告無望的，使人無端嗟歎此世只是一夢的，這樣的一切東西，於我都是可親，於我都是可懷。」〔註3〕永井荷風寫《江戶藝術論》是 1913 年，已從法國歸來，正是他「大逆事件」後創作方向發生轉變的時期。他對巴洛克藝術中極具裝飾性的華麗畫風與宮廷化的貴族審美趣味顯然十分嚮往，對西方文化的解讀時常帶著唯美的「頹廢」眼光。日本的唯美主義文學興起於 20 世紀初，早於中國，而略晚於西方，以《昴星》雜誌爲中心，主要撰稿人有森鷗外、上田敏等，他們事實上成了日本唯美派的兩大先驅。不過，作爲一種流派的成立則是以永井荷風爲核心的早期《三田文學》和以谷崎潤一郎爲代表的《新思潮》作爲標誌完成的。荷風和他的前輩夏目漱石、森鷗外等不同，他沒有後者那種面對西方文明的進入，在東西文化夾縫中生存的苦惱，他的整個審美情趣和生活方式都是西化的。「說到荷風和法國的關係，眾所周知，他是對西歐充滿憧憬、抱有最美的無償熱情的明治人。」〔註4〕他回國後，對膚淺、庸俗的明治文明深感不滿，在《法國的故事》、《冷笑》、《歡樂》、《歸朝者日記》等一系列作品中對當下的東京生活提出了嚴厲批評。如果說五年多的美國生活使他一生堅定了民主與自由的個人主義信念，那麼法國短短的十個多月的生活卻使他一生都沉浸在法國的優雅、精緻的文化當中，並從中領會到民族文化傳統的重要性，意識到一種文化的現代生存應當融入自己文化傳統中，所以才把眼光轉向傳統，在江戶文化中尋覓精神的寄託。當他沉浸於浮世繪的豔

〔註3〕鍾叔河：《周作人文類編》①，湖南文藝出版社 1998 年版，第 720 頁。
〔註4〕〔日〕永井荷風：《永井荷風選集》第 1 卷，日本東京築摩書房 1979 年版，第 405 頁。

麗哀情時，他是用西方現代唯美的「頹廢」思想來詮釋他所理解的「江戶情趣」的。

　　周作人把荷風的《江戶藝術論》譯介到中國是 1935 年，此時的周作人早已從激流勇進的新文學主潮退下來，作為「五四」時期新銳思想家的周作人已經淡出，但他大力倡導並動手寫出的閒適小品散文正為他贏得新的、很高的聲譽。他的學術趣味也轉到了中國傳統之中，喜歡尋找那些幽深、冷僻的典籍，用現代的眼光去重新詮釋，而對外國文化的興趣主要集中在江戶文化上。從 20 世紀 20 年代後期起，他寫了大量關於江戶文化方面的文章，從江戶時代的浮世繪、川柳、俗曲、淨琉璃，到鐮倉時代的物語、狂言、俳句等。中國近現代以來，他可謂深入鑽研日本傳統文化的第一人。他身上似乎並沒有荷風文化與身份認同的煩惱，中日文化本身有很深的血緣關係，他時常說他在日本並沒有像大多數留學生那樣受到歧視，對日本的生活方式也很適應，尤喜歡日本文化中的風物民情，把東京視作他的第二故鄉。20 世紀 30 年代後，日本已加緊對中國的侵略，可他仍認為，「我仍明確地看明白日本與中國畢竟同是亞細亞人，興衰禍福目前雖是不同，究竟的命運還是一致，亞細亞人豈終將淪為劣種乎，念之惘然。」〔註 5〕在當時特殊的環境下，他所持的東亞一體的觀點倒是在國內反而會有一種身份認同的尷尬，他如此反覆地引用永井荷風的那段話，除了對「江戶情趣」感受上的相通，恐怕更有對人生無常及 30 年代所處的寂寞環境的深徹感悟。

　　其實，早在「五四」初期，周作人對日本的唯美派文學就十分瞭解。1918 年，他在《日本近三十年小說之發達》中對荷風和谷崎所代表的日本的唯美主義文學就有過簡要、準確的概括。他對西方唯美派的文學也不會陌生，1909 年在《域外小說集》中，他就把王爾德的《快樂王子》譯介到中國，對法國早期唯美派的代表作家戈蒂耶、波德萊爾也有所論及。只是他當初作為「五四」新文化運動的主要倡導者，更傾向於一種積極向上的理想主義文學，他認為荷風的小說是「一種消極的享樂主義」「更帶點頹廢派氣息」，不宜在中國過多提倡。從「五四」初期亟須一種積極向上的理想精神來說，他對永井荷風保持某種距離感是一種可以理解的客觀原因；從主觀上來說，他也曾一度積極投身於「五四」新文化運動中。從當時個人的理想和志趣出發，他更傾向於白樺派的人道主義立場與積極的理想主義精神。但應該看到，周作人

〔註 5〕　鍾叔河：《周作人文類編》⑦，湖南文藝出版社 1998 年版，第 36 頁。

和白樺派最初契合點是「極端的個人主義」思想，這種極強的個性意識既是西方啓蒙思想的直接影響結果，也包含有現代無政府主義思想的成分，它和現代社會往往會格格不入，導致個人與社會的對抗。周作人從最初對日本唯美文學的警惕態度，到 20 世紀 30 年代後對永井荷風的讚賞有加，他的人生觀和審美觀有一個發展變化過程，可個人主義的思想卻有內在的一貫性。「五四」以來，受西方進化論和啓蒙思想的影響，一般人對社會抱著一種新的線性發展的歷史觀，認爲歷史總是不斷地向前發展的，周作人對此持十分懷疑的態度，對由此而產生的各種激進的社會思潮和社會革命的思想也一直保持著相當的距離。在他提倡閒適的小品文，主張生活藝術化的背後，不難看出他對當時社會變化的不滿和失望。當「新村」的大同理想破滅後，他信奉的極端個人主義的思想也就使他退向了更加幽深、鎖閉的自我環境，把眼光投向時間較遠的日本江戶藝術，作爲一種精神和文化寄託。但他這種對日本江戶文化的執迷，在當時中國特殊的環境下，顯得和時代的氛圍是那樣的不合拍。一向精明的他在對日本文化上，表現出了不合時宜的執著，難怪他會老是引用荷風在《江戶藝術論》中的那段話了。除了人生體悟上的無常和幻滅彼此相通，永井荷風和明治社會格格不入而造成的那種孤單與寂寞，周作人也會有同樣深刻的體會。

二

唯美主義作爲 19 世紀後半期英法等國興起的一種現代主義文學思潮，其根本的特徵就是「頹廢」。艾布拉姆斯認爲：「徹底的頹廢主義作家喜歡追求富於個人風格的高度技巧，並且往往傾心於奇特的題材，而對無限豐富、充滿生命力且富於有機組織性的生活不屑一顧。他們偏愛奇裝異服，喜歡給天然本色的生活用具加上矯揉造作的裝飾，有時甚至不惜違背『自然』的人性，通過吸服毒品、故意違反人情禮儀的邪僻行爲以及性變態等舉止，以追求法國詩人蘭波（Arthur‧Rimbaud）所謂『感官全面錯亂的境界』。」〔註6〕蘭波這位早慧的法國唯美詩人，只活了 37 歲。作爲詩人的蘭波生命更短，可在他短短幾年創作中卻留下了繽紛華麗的詩歌。他的詩歌具有強烈的反現代社會性，表現出向傳統的匯通與對異域的執著。這些詩歌「憂鬱和眩暈標明了整個 20 世紀的詩歌特徵」，而他異樣的生活方式也成爲「頹廢」的最好詮釋。

〔註6〕 解志熙：《美的偏至》，上海文藝出版社 1997 年版，第 4 頁。

斯蒂芬‧馬拉美稱他是「藝術史上獨特的奇跡。橫空出世的一顆流星，毫無目的地照亮自身的存在，轉瞬間即逝。」〔註7〕

永井荷風一生憧憬法國文化，也翻譯過法國波德萊爾、魏爾倫等唯美派的詩歌，但像蘭波那樣從生活到藝術那種現代意義上的「頹廢」對他來說是有難度的，和蘭波比起來，他更多了些文人氣和紳士風。在法國作家中荷風最心儀莫泊桑，十分欣賞他小說中略帶貴族氣的、精緻的法國文化趣味。法國文化使他認識到日本文化傳統的重要性。他寫《江戶藝術論》，摒絕和當時日本文學界人士的來往，時常獨自漫步在東京的花街柳巷，尋覓低迴的「江戶情趣」，他是在努力尋找一種遺失的日本文化傳統。但永井荷風和大多數出身農村中小地主家庭的自然主義作家們不同，他出身在士族家庭，一直生活在大都市，在明治那樣迅速轉變、開化的社會中，他更多地接受了西方文明的影響，這不僅是觀念上的，而且已經深深融入日常生活的細節中。他是所謂時髦的都市人，文明而有教養，感覺敏銳細膩，強調個人的自由和生活的藝術化。在荷風心目中，西方健全的文明成為一種襯托明治庸俗、浮淺的理想物，他在江戶不凡的藝術中尋找的並非小胡同、大雜院那類蟲豸似的瑣碎的日常生活，他要從江戶市民文化中尋找一種令現代人感受到「悲哀」的東西。浮世繪豔麗的色彩、花街柳巷的風情正好滿足現代人對「悲哀」的精緻感悟。其實，浮世繪在江戶人的生活中，不過是用於包裝禮品、或掛在家裏類似中國年畫的東西，當時的人未必會有他所感受到的「悲哀」。這種悲哀源於現代人對「頹廢」的理解。「頹廢」的思想，當然並非只存於現代。在任何時代，朝代的更替、生老病死、個人生活的不幸都有可能產生人生無常的頹廢之感，現代人有的更多是體悟和表現方式的差異而已。惟其如此，荷風在追求超越明治浮淺文化的時候，他從浮世繪中尋找到了更為久遠的日本文化傳統，那就是日本文學中「物哀」的觀念。這是《源氏物語》中所體現的精神主題，表現對平安王朝衰落的惋歎。「物哀」的原意是由物興歎，包含人的喜怒哀樂之情。它非關倫理道德，而是一種人情和人生體悟，重要的是從中體會一種情趣、情調，正如日本國學大師本居宣長說的，要體會「『物哀』的深趣」〔註8〕。但在文學中，它通常表現出來的卻是對人生無常的幻滅感。「物哀」還有表現男女愛情的「哀豔」的意思，「物哀」的「哀」在日語中又寫做「豔」和「色」，例如紀貫之在《〈古今和歌集〉兩序》中評小野

〔註7〕〔法〕蘭波：《蘭波作品集》，王以培譯，東方出版社 2000 年版，第 3 頁。
〔註8〕葉渭渠：《日本文學思潮史》，經濟時報出版社 1997 年版，第 189 頁。

小汀的和歌時，「哀」就是用的「豔」和「色」，來說明她詩歌中豔麗、頹廢的情調。永井荷風正是從日本平安王朝文化的「物哀」文學傳統中體悟到了「哀豔」的特色，把它和浮世繪的遊廓內容結合起來，構成了他現代人所體悟的「頹廢」基調。

周作人的「頹廢」思想中，日本文化傳統的影響不可忽視。周作人說他對日本文化的瞭解主要集中在江戶文化，往上溯也只到鎌倉時代，這當然有自謙的意思。其實，他對日本奈良、平安時期的《古事記》、《萬葉集》、《源氏物語》等都屢有提及，解放後還翻譯了平安時期清少納言的《枕草子》，而在 1925 年他就摘譯過吉田兼好的《徒然草》。這是一部隨想隨記的隨筆集，受佛禪影響甚深，在風格上「大體仿清少納言的《枕草子》，多用《源氏物語》之詞」〔註9〕。產生於日本中世紀的《徒然草》，把日本平安時代的「物哀」文學傳統往更幽深、閒寂的方向發展。此書除了強調人生要講究情趣和趣味，也有很多人生無常的頹廢思想，如提到了人生無常，「壽則多辱」；榮枯盛衰轉瞬即逝，「時移事易，樂盡悲來」；「萬事皆不可恃也」等。周作人認為，「《徒然草》最大的價值可以說在於他的趣味性，卷中雖有理知的議論，但決不是乾燥冷酷的，如道學家的常態，根底裏含有一種溫潤的情緒，隨處想用了趣味去觀察社會萬物。」〔註10〕日本傳統文化中顯而易見的中國文化的影響很容易使周作人產生共鳴，不過他也一再反覆強調日本傳統文化絕不等同於中國文化，它有它自己歷史發展形成的獨特風貌。他認為日本傳統文化除了它的神道思想是它自身獨有的以外，其次是對「美之愛好，這似乎是中國所缺乏」〔註11〕。日本山川秀美，歷史上少有外國的侵略，相對中國而言受儒家正統的思想影響也較小，國民個性有較好地自然發展的空間，這種「美之愛好」正是性本天然的結果。在談到江戶時期的浮世繪時，周作人認為「畫面很是富麗，色澤也很豔美，可是這裡邊常有一抹暗影，或者可說是東洋色」〔註12〕。又說「日本平民藝術彷彿善於用優美的形式包藏深切的悲苦，這是與中國很不同的。」〔註13〕周作人對江戶文化的這類議論和引用還很多，如「充滿眼淚的江戶平民藝術」、「無告的色彩之美」等等，從這些不

〔註9〕〔日〕文泉子：《如夢記》，周作人譯，文匯出版社 1997 年版，第 76 頁。
〔註10〕周作人：《引言》，〔日〕文泉子《如夢記》，周作人譯，文匯出版社 1997 年版，第 77 頁。
〔註11〕鍾叔河：《周作人文類編》⑦，湖南文藝出版社 1998 年版，第 19 頁。
〔註12〕鍾叔河：《周作人文類編》⑦，湖南文藝出版社 1998 年版，第 106 頁。
〔註13〕鍾叔河：《周作人文類編》⑦，湖南文藝出版社 1998 年版，第 75 頁。

難看出他有意區別日本傳統文化與中國的不同，表現出他對日本「物哀」文學傳統的某種領悟。他的文章中，經常用到「常識」、「趣味」、「人情」、「人情美」、「人情物理」等詞彙來表達他對人生和藝術的看法，這些頻繁使用的詞彙不僅反映出他的審美趣味，也代表著他的人生觀和世界觀。「常識」代表知的方面，是現代人對自然、社會、人生的智識和思考方式。「趣味」則多表示情的方面，要懂「人情」、「人情物理」，要用現代人的智識去體悟人生的「情趣」。他的人生觀和審美觀中，無論前期作爲「五四」新銳的思想家，還是後期作爲閒適的散文家、學者，其思想觀點的形成和來源都和日本有莫大關聯，他對江戶藝術中的浮世繪、浮世草子、灑落本、滑稽本、人情本、草雙紙等深入細緻的研究，使他感受到了日本文化傳統中「物哀」的幽深意趣。他喜歡永井荷風的《東京散策記》、谷崎潤一郎的《攝陽隨筆》、文泉子的《如夢記》等，都和東京及它的前身江戶有關。誠如其所言，「文學美術中最感興趣的也是東京前身的江戶時代之一部分。」〔註14〕他的「趣味」的養成可以說日本的「江戶情趣」是一個重要資源，他所提倡的閒適、淡雅的小品散文，在「苦」與「澀」中尋覓的意趣，正是融入了日本幽深、閒寂的「物哀」文學傳統所致。周作人對西方的唯美文學的「頹廢」也深諳其味，例如說王爾德是「頹廢的唯美主義詩人」，而波德萊爾的「詩中充滿了病的美，正如貝類中的眞珠」，「他的貌似的頹廢，實在只是猛烈的求生意志的表現，與東方式的泥醉的消遣生活，絕不相同」〔註15〕。周作人儘管能夠理解和欣賞西方唯美文學中的「頹廢」，卻難於有那樣「猛烈的求生意志」，更惶論用極端、異樣的生活方式來表現了。

周作人的「頹廢」思想中有中國佛道的影響，也有某種傳統的士大夫氣，他或許內心深處的確有「浮躁急厲」、「流氓氣」的一面，也有很「頹廢」的因素，但他把這些都淡化了，表現出來的是閒適、淡雅的趣味。他用「苦」、「澀」、「悲哀」、「無常」等字眼來表達他的「頹廢」思想，對西方唯美中的「頹廢」作了中國化詮釋，其中就有日本「物哀」文學傳統的合成因素。

周作人有關日本方面的文章，永井荷風佔有突出的位置。荷風成爲他30年代以後最心儀的日本作家之一，除了文風上的吸引，他對東京持續的地域熱情也使他親近荷風，他們在對待江戶文化上找到了共同的興趣。從周作人對日本文化的深徹瞭解來說，他和永井荷風把西方唯美中的「頹廢」思想東

〔註14〕鍾叔河：《周作人文類編》⑦，湖南文藝出版社1998年版，第68頁。
〔註15〕周作人：《談龍集》，開明書店1930年版，第23〜24頁。

方化了，正如他在提到永井荷風的《江戶藝術論》時所說的：「我們因爲是外國人，感想未必完全與永井氏相同，但一樣有的是東洋人的悲哀，所以於當作風俗畫看之外，也常引起悵然之感，古人聞清歌而喚奈何，豈亦是此意耶。」〔註16〕只是相對而言，除了東西文化傳統和地域的差異，個人的氣質和年紀也有所不同，周作人在對西方唯美的接納上，主要是在個人精神生活方面追求一種人生和藝術的趣味，永井荷風則畢竟多了幾年歐美生活的經驗，從生活到藝術都更接近西方唯美的「頹廢」精神。

三

說到周作人與唯美主義的關係，除了他的思想和審美觀念，他對「美文」的提倡和散文創作自然也是繞不開的話題，而這又不能不再談到他頻繁使用的「趣味」二字。周作人在《文藝批評雜話》中談到濟慈的詩的「趣味」時，用了英文「taste」，表示「一系列受制於時代變化的審美趣尚」〔註17〕。「五四」新文學運動初期，白話散文的創作尚處於草創階段，大多屬於批評和雜感類的。如果說周作人的提倡「美文」與「當時在英國英語的美文的非常時髦」有關，那麼結合當時環境這似乎倒應視作只是一種策略的需要，因爲「他從來未曾深入到英國文學中去」，「只是把英語當做一種獲取知識的手段」〔註18〕。事實上，他的「趣味」概念來自日語。周作人在談到袁枚、分析什麼是「趣味」與「沒趣味」時，對「趣味」的來源和含義有一個簡要說明：「我這裡須得交代明白，我很看重趣味，以爲這是美也是善，而沒趣味乃是一件大壞事。這所謂的趣味裏包含著好些東西，如雅、拙、樸、澀、重厚、清朗、通達、中庸、有別擇等，反是者都是沒趣味。普通有低級趣味這一句話，雖然看樣子是從日本輸入的，據我想也稍有語病，但是現在不妨借來作爲解說，似乎比沒趣味更容易懂些。」〔註19〕這裡他在強調什麼是「趣味」時，用了許多中國傳統文學表達審美觀點的詞彙，可他也指明是借助日語來表達的。在日語中，「趣味」的基本意思是經過一定培養後所養成

〔註16〕 鍾叔河：《周作人文類編》⑦，湖南文藝出版社 1998 年版，第 106～107 頁。
〔註17〕 〔英〕卜立德：《一個中國人的文學觀：周作人的文學觀》，陳廣宏譯，復旦大學出版社 2001 年版，第 82 頁。
〔註18〕 〔英〕卜立德：《一個中國人的文學觀：周作人的文學觀》，陳廣宏譯，復旦大學出版社 2001 年版，第 122～123 頁。
〔註19〕 鍾叔河：《周作人文類編》②，湖南文藝出版社 1998 年版，第 680～681 頁。

的審美能力，如「有音樂趣味的人」、「有文學趣味的人」等等，與功利相對
應。當然，周作人的「趣味」作爲一種審美方式和審美觀其內容要複雜得多，
這裡只能就「趣味」與「江戶情趣」的關係及所蘊含的日本文學傳統來談。

　　日本文學傳統中與「江戶情趣」相關的，除了「物哀」的觀念，另一個
重要的概念是「諧趣」，它基本上是進入平安時期才出現的一個審美範疇，集
中體現在清少納言的《枕草子》中，基本含義是指有趣或者優美的事。本居
宣長在《玉勝間》中指出：「言及譽物興歎的諧趣中，所謂譽物興歎，讚美者
是也；而可笑之事諧趣中，所謂可笑之事，戲謔者是也。二者均用假名，故
寫作一。」〔註20〕這裡「諧趣」由兩個基本含義組成：一個是優美，一個是
滑稽。在現代美學中，優美和滑稽基本上是兩個對立的範疇。「諧趣」合二爲
一，其二重含義除了說明日本古典文論的範疇具有含混不清處，也反映出日
本平安貴族文化的另一個重要特徵。

　　平安時代是日本一方面大量吸收中國文化，另一方面又是本民族文化形
成和發展時期。由於掌握文化知識的都是宮廷貴族，作爲有閒階級，講究的
是風雅脫俗，在這樣背景下出現的平安文學自然反映出來的是一種貴族化的
精緻「趣味」。從平安時期文學的用例來看，「諧趣」也主要指優美、風雅、
有趣的事，它的可笑、滑稽等方面的含義是平安以後到了江戶時代隨著市民
階層的興起才逐漸突出起來。例如在《枕草子》類聚部分，作者例舉了許多
認爲是不符合「諧趣」的東西，像剛出世的小鳥，拿掉頭髮、露出短髮的女
人，吸著鼻涕走路的幼兒等等，和周作人區分什麼是「趣味」和「沒趣味」
倒有幾分相似，大致可認爲「諧趣」是平安時期產生的一種貴族化的審美情
趣。進入中世紀以後，隨著貴族階級的衰亡和武士階級的興起，它一方面朝
越來越幽深、閒寂的方向發展，成爲一種離現實越來越遠、纖細入微的審美
情趣；另一方面，它經歷了所謂的「俗化」過程，到江戶時代逐漸演變成市
民化的審美情趣。

　　周作人雖說對日本傳統文學中「諧趣」的概念未作過理論的梳理，可他
對江戶文化有很深入細緻的研究，通過對江戶平民藝術中所體現的「江戶情
趣」的瞭解，也很容易和日本古典審美的「諧趣」達到匯通，更何況他對日
本傳統文化瞭解，遠非他自己所說的僅止於中世的鎌倉時代，對日本奈良、
平安時期文化也是屢有涉及的。事實上，他多數時候對平民化的「江戶情趣」

〔註20〕　〔日〕岡崎義惠：《美的傳統》，日本東京弘文堂書店 1940 年版，第 4 頁。.

的把握恰恰是非平民化的，表現出的是貴族化的精緻趣味。比如他論「川柳是只用十七個字音做成的諷刺詩，上者體察物理人情，直寫出來，令人看了破顏一笑，有時或者還感到淡淡的哀愁，此所謂有情滑稽，最是高品」〔註21〕。對於江戶的淨琉璃、俗曲、落語等，他的選擇也基本上是那類富於情趣、並有淡淡哀愁的東西。處在日益市民化的社會中，周作人所選擇的審美對象或許是平民化的事物，但他的審美方式卻時常表現出來的是貴族化的情趣，即使在「充滿眼淚的江戶平民藝術」中發微探幽尋覓的也是略顯哀愁的精緻趣味。正如國內有學者指出的，「他長居京畿50年，卻對北京頗受平民鍾愛的、跟落語頗多相近的相聲以及其他曲藝品種視若無睹，而對遠在東京的落語和在時空上都更為遙遠的希臘擬曲津津樂道，倍加稱賞。」〔註22〕這使人想起同是具有唯美色彩的美學家朱光潛的「距離說」：距離產生美感，太近就容易變俗。當然，這裡說的貴族化趣味只是相對平民化趣味而言，真正傳統意義上的士大夫貴族階層隨著封建社會的崩潰已逐漸消亡了，其趣味也只是一種歷史遺存。

周作人這種融會中西、中日古今文化傳統的審美趣味，從他對永井荷風的偏好中就能看出。日本的唯美主義先驅上田敏在談到唯美的享樂思想時認為：「這種享樂主義不是以一時的散漫的興趣掠過事物的表面，也不是指那種消閒時興之所致地遊戲於真與美之間毫無誠意的虛偽風流。真正的享樂者要有更深用心。」〔註23〕享樂主義並非簡單的附庸風雅、縱情聲色，而是要有真情真性、於曲徑通幽中尋找發乎其微的意趣。唯其如此，像永井荷風對西方的唯美主義有所取捨一樣，周作人對荷風也有所取捨。他明確地說：「永井荷風最初以小說得名，但小說我是不大喜歡的，我讀荷風的作品大抵都是散文筆記。」〔註24〕當永井荷風的精神退縮到「江戶戲作」水平時，其創作風格和方法也回到了自然主義的平面、冷靜的描寫，尤其在他的小說中對藝妓的描寫常表現出一種男性的尤物心理，這顯然有悖於周作人對女性的人道立場，因而恐怕也是他不喜歡永井荷風的小說的一個原因。而更重要的是永井荷風隨筆中幽深、精緻的情趣更符合他的審美趣味。周作人說過他最喜歡看的是各類雜記、日記、隨筆之類的東西，因為這些東西少有雕琢。他的散文

〔註21〕 鍾叔河：《周作人文類編》⑦，湖南文藝出版社1998年版，第108頁。
〔註22〕 王友貴：《翻譯家周作人》，四川人民出版社2001年版，第155～156頁。
〔註23〕 趙澧、徐京安：《唯美主義》，中國人民大學出版社1988年版，第584頁。
〔註24〕 鍾叔河：《周作人文類編》⑦，湖南文藝出版社1998年版，第385頁。

中有佛道的影子，也有山林隱逸文學的名士傳統，但日本文化的影響也佔有
非常突出的位置。在對日本文化龐雜的攝取中，他讀得最多的就是類似中國
散文的東西，從《古事記》、《枕草子》、《徒然草》，到江戶、明治時期的各家
散文、札記。他的「北京的茶食」、「故鄉的野菜」、「吃茶」、「談酒」、「草木
魚蟲」等小品文，讓人隨處可感覺到他從江戶文化的民風、民俗中提煉出來
的精緻趣味。他喜歡永井荷風的《東京散策記》、《下谷叢話》等，是因爲荷
風和他一樣，一生筆耕不輟，尤喜寫隨筆和日記，文風隨心所欲、精細幽深，
有很高的藝術造詣。

　　周作人缺乏西方唯美主義的浪漫幻想與放浪恣肆，也不可能去學永井荷
風那種生活的放蕩，他只能在合理與規範中盡可能將藝術和生活精緻化，精
神上再加一點「頹廢」的放肆。他和永井荷風相同的是他們身上所表現出來
的名士氣和紳士風。日本學界對永井荷風受西方文化尤其是法國文化的影響
言之甚詳，其實荷風身上有另一面，那就是中國傳統文化的影響。他的父親
永井禾原是明治有名的「漢詩人」，母親也出身漢學世家。他受家庭的影響，
從小就接受了中國傳統文化薰陶，早年隨父遊居上海，留有《漢詩十二首》，
並寫有漢訓混合體的《上海紀行》和以中國爲題材的小說《煙鬼》。「大逆事
件」前後曾有意涉歷中國古典文學的領域，有未完成的作品《王昭君》，其《秋
之別》也借鑒了白居易《琵琶行》的意境。他雖說以後對中國傳統文學未作
更進一步的研究，但他的文風用詞講究、華麗，應視爲得益於良好的漢學修
養。日本學者唐木順三認爲他身上除了外國的「紳士風」以外，還有很濃的
「文人」氣，表現出來，一是離俗、叛俗的精神，二是自我性和對人生趣味
的重視，三是博雅、風流倜倘〔註25〕，頗似於中國傳統的「名士氣」。從東西
文化交往的視角看，中日現代文學在普遍吸收西方文化的同時，本身向現代
轉型中是一個互動的過程。在日本所謂的明治文化「斷裂」中，既有日本的、
也有中國的傳統文化的很深積澱，反過來說，在中國現代文學的轉型中，日
本文學對我們也有很大的催化和媒介作用。這是周作人與永井荷風神交甚深
的一個重要基礎。

（原載《武漢大學學報》2004 年第 4 期）

〔註25〕〔日〕永井荷風：《永井荷風選集》（二），日本東京築摩書房 1979 年版，第
　　　　344～345 頁。

第三輯　浙東作家

從蘇曼殊到郁達夫：
現代浪漫抒情小說的發展

　　中國現代浪漫抒情小說是在中西文化大撞擊的背景下，隨著個性意識滲入社會而萌生和發展的。最早寫出有現代意味、即以初步覺醒的人的意識為思想基礎的抒情小說的是蘇曼殊，而能夠代表 20 年代抒情小說大潮的當推郁達夫。從蘇曼殊到郁達夫，可以勾劃出一條中國現代浪漫抒情小說發生、發展的軌跡。創造社成員陶晶孫曾說：「以老的形式始創中國近世羅漫主義文藝者，就是蘇曼殊，而曼殊的文藝，跳了一個大的間隔，接上創造社羅漫主義運動。」〔註1〕新文化運動的老將錢玄同也曾設想：「曼殊上人思想高潔，所為小說，描寫人生眞處，是為新文學之始基乎。」〔註2〕他們較為強調蘇曼殊與後起的浪漫小說在抒情風格上的相似，這說得也有道理。但在風格相似之上，其實還存在著深刻的差異，正是這種差異顯示了浪漫抒情小說在時代影響下的重大發展。

一

　　蘇曼殊寫小說始於民初。處女作《斷鴻零雁記》便是抒寫身世的。他出身私生子，後成為「恨人」，以此心情寫自己的恨事，便決定了《斷鴻零雁記》格調感傷抒情，而且頗為奇特。作品寫三郎身為和尚，卻運交華蓋，先是未婚妻雪雁不滿父親嫌貧賴婚，資助他東渡尋母。到日本，聰明美麗的表姐靜

〔註1〕　陶晶孫：《急忙談三句曼殊》，《牛骨集》，大平書店 1944 年版。
〔註2〕　轉引自揚義：《中國現代小說史》，人民文學出版社 1986 年版，第 61 頁。

子又愛上了他。只因他早已遁入空門，都忍痛割斷情絲。可云空未必空，一聽說雪雁爲他殉情，他又五內俱裂，歷盡艱險去憑弔雪雁墳墓。小說敘寫的純粹是三郎的感情磨難，其痛苦皆生自恨世而欲求解脫，想出世而又過於多情。這種矛盾其實也正是蘇曼殊自己的苦處：他身披袈裟，似乎一本正經地在宣揚四大皆空的佛法，可他把姑娘寫得太可愛，愛情寫得太纏綿，三郎寫得太傷心，反而顯出了自己的情根難斷。可以理解，像蘇曼殊這樣的「恨人」，需要感情上的慰藉。失之於生活，得之於幻想，周作人說靜子和雪雁是和尙一廂情願、自作多情之筆，確是精當之論。

從《斷鴻零雁記》開始，蘇曼殊所寫五篇小說都有一個共同的主題，就是愛的纏綿和幻滅。如《碎簪記》寫莊湜與靈芳、蓮佩間的愛情關係，由於莊湜叔父反對自由戀愛，三個青年皆爲情而死。《絳紗記》中的夢珠，先是不理會女友秋雲火熱的愛情，不告而別當了和尙，看似無情，實是愛得深沉，在無量寺坐化時，還藏著秋雲所贈的一角絳紗。《非夢記》寫海琴自小跟薇香訂親，後來嬭娘嫌薇香家貧，離間他倆感情，最後薇香投水，海琴出家。有情人難成眷屬，寫盡了蘇曼殊內心對愛的嚮往和拘於佛教戒律、宣揚虛無哲理之間的矛盾，象徵著他人生觀中出世和入世的兩個方面。對於他來說，這也不失爲一種調和內心矛盾的極爲巧妙的辦法：既能陶醉於姑娘的傾心之愛，又裝得超離了紅塵。當了和尙，還能作情種，難爲他煞費苦心，想得出來。

由於蘇曼殊寫的多是兒女私情，且有一個大致相似的結構模式：兩個癡情美女追求一個多情公子，因而很容易被視爲鴛鴦蝴蝶派之作。其實早期鴛鴦蝴蝶派小說，或以「發乎情而止乎禮儀」爲美德，表現了很濃的封建色彩，或苦於無新的人生觀和審美理想，結果從反傳統開始而墜入淺薄無聊的惡趣。而蘇曼殊多次東渡日本，懂多種外語，翻譯過西方浪漫詩人的作品，在清末民初的文人中，較早地接受了西方個性主義文化的薰染，因而既能突破傳統觀念的束縛，大膽地披露內心苦悶，又能把愛情當作一種美好的情操加以詠歎，格調清新，沒有重蹈鴛鴦蝴蝶派的路子。

蘇曼殊早年心懷壯志，立意要「破壞了這舊世界，另造一個公道的新世界」。(《慘世界》)如此血氣方剛的志士，何以後來忽然悲悼起身世，寫起傷心的恨事來？其原因，除了他身世淒涼，顯然與他失望於辛亥革命和所受佛教影響有關。辛亥革命爆發時，蘇曼殊聞訊大喜過望，曾想典當衣物馳回國

內，但他期望過切，失望也重。袁世凱篡權後，他雖然憤而發表《討袁宣言》，但總的看是理想成為泡影後對社會現實的日益失望。在《絳紗記》、《焚劍記》裏，他讚美起桃花源式的生活，與他早年在《慘世界》中所表達的豪情相比，判若兩人。

蘇曼殊是因個人生活不如意，憤而當和尚的。「憤」使他難成虔誠的信徒，所以他有時披披袈裟，行動上卻不受佛教戒律的束縛，素有風流和尚的美稱。但他後來把佛教視為一種哲學，對此深有研究也是事實。1908 年他與章太炎一起發表《儆告十方佛弟子啓》和《告宰官白衣啓》，一面怒斥「附會豪家、佞諛權勢」的佛門敗類，一面竭力為佛教辯解，反對「新學暴徒」焚燒寺廟，宗教熱情尤為顯見。如此長期薰陶，難保不受影響。他小說中青年男女，除了情死，都是出家為僧為尼，便是佛教影響造成的。不過蘇曼殊入世太深，只能得佛教虛無思想的皮毛，為自己懸想一條出世的逃路。所謂「悟得生死大事」，如同他的披袈裟，很大程度上只是　一種刻意追求的風度，也是一種變相的牢騷。因而在實際生活中，他是放浪形骸，吟詩作畫，以示高雅，諷人罵世藉以泄憤。這種日漸失望於社會，又難入涅槃境界的精神狀態，最終使他自哀自憐起來，咀嚼個人的悲歡，醉心於虛幻的愛情想像。

因而，蘇曼殊小說是傾向於自歎身世，或寫他個人胸襟的。在夢珠的灑脫不羈、三郎的多愁善感、海琴的感情纏綿、獨孤公子的孤潔清高，以及他們浪跡江湖，出家為僧的經歷中，皆可看出蘇曼殊的影了，他們一步三回頭地走向空門，也是蘇曼殊有意於宗教，但又無法超脫塵世的內心寫照。少女的嬌美姿色和驚人才情，明顯可以看出他刻意美化的痕跡，她們的淒涼命運也透露著他的傷心和自憐。正是這種偏於寫自己身世和心情的藝術傾向，纏綿的愛情故事，哀婉傷感的情調，以及作為一個情憎對待愛情若即若離的獨特態度，構成了蘇曼殊小說浪漫抒情的風格。

中國自古有抒情的散文、詩歌，但礙於禮法，殊少有涉及作者隱私的抒寫個人身世懷抱的敘事文學。蘇曼殊率先把自己身世引入文學，肯定愛情的美好，傾向感傷的情調，給清末民初文壇吹來了一縷以個性意識為核心的浪漫清風，這種對於浪漫小說的初步開發之功是不應抹殺的。事實上，他的小說正是憑著這種浪漫風格在比較開明的讀者中覓得了知音。《斷鴻零雁記》很快譯成英文，又被改編為戲劇，有些新文學作家把自己的創作與他聯繫起來，連並不怎樣賞識其小說的郁達夫也說：「他的浪漫氣質，由這一種浪漫氣質而

來的行動風度，比他的一切都要好」。〔註3〕

　　但是不能因此認為蘇曼殊開創了現代浪漫抒情小說的新紀元。當時，中國先進知識分子鑒於洋務運動的失敗，開始從西方引入民主政治思想和自然科學知識，但在文化上沒有形成廣泛的啟蒙運動，儒家的倫理思想仍然左右著社會生活的各個方面。在這樣的背景下，儘管蘇曼殊憑其得天獨厚的條件，具有比一般人強得多的個性意識和民主思想，可要他完全擺脫傳統思想的影響卻是不可能的。他的思想實際上既有西方的，又有傳統的，還有宗教的。這些思想因素尚未混成一體，不能不影響到他創作中的倫理判斷和審美評價。

　　比如《碎簪記》中的愛情悲劇本是封建勢力橫加干涉和男主人公生性軟弱造成的，可蘇曼殊另有看法。他同情莊湜和杜靈芳自由戀愛，可覺得蓮佩學貫中西、溫良端莊，包辦婚姻實也不錯，因而規勸莊湜把愛靈芳之心移諸蓮佩，以求情理兩合。莊湜夾在兩個姑娘間猶豫難決，蘇曼殊也實難選擇。他最後的結論是：「天下女子，皆禍水也」。在無法調和新舊倫理原則的矛盾時，便簡單地把悲劇的罪責推向無辜的女子。顯然，他所持的還是對婦女的傳統偏見，其中也包含了佛教色空觀念的影響。他似乎想勸人們斬斷情根，可惜他自己就沒有做到。

　　其實何止倫理觀念，就是他的審美理想也是既新又舊的。且看他的理想女性，既有西洋女子的熱情才識，又有東方女性的深沉含蓄，似乎非中西融合不可：時髦女郎太野，傳統女性又太呆。至於行文落墨，講究情感的節制修飾，務求文筆典雅，風格含蓄，給人的感覺不是刺激，而是惆悵，則又可見傳統詩教的潛在影響。

　　總之，無論從思想意識還是審美特徵看，蘇曼殊小說都只能稱是現代浪漫抒情小說的萌芽：它有反封建的民主因素和浪漫抒情的藝術風味，對以情節取勝而以「載道」為旨歸的傳統小說是一次突破。可其反封建不徹底，寫意又過於含蓄；浪漫抒情僅有節制地體現為主人公的生活情趣和思想氣質，沒有充分地轉化為作品的敘述原則；情調有新意，可沒有找到相應新而有力的表現手段——這只是一種過渡性的文學，在對傳統的背離中，又有某種向傳統歸復的潛在傾向，誠如美籍華裔學者李歐梵所說：「蘇曼殊通過他的作風和藝術，不僅『體現了舊時代的中國文學傳統和西方的新鮮的、鼓舞人心的

〔註3〕　郁達夫：《雜評曼殊的作品》，《郁達夫全集》第 5 卷，浙江文藝出版社 1992
　　　　年版，第 307 頁。

浪漫主義的巧妙融合』，而且體現了他那個過渡時代，整個情緒的無精打彩、動蕩不安和張皇失措。」〔註4〕而另一方面，由於個性意識尚未廣泛地深入人心，大多數讀者的小說觀念還是舊的，習慣於用舊的眼光看蘇曼殊那些寫個人身世和內心矛盾的小說，雖不會像士大夫那樣責以誨淫之罪，但往往視之為消愁解悶的閒書，因而在主觀和客觀上蘇曼殊的小說都不具備條件在文學界掀起一個反傳統的浪漫主義文學潮流。

二

　　浪漫主義文學要求作者真誠地敞開心胸，所以總是跟作者的詩人氣質和個性意識密切相關的。與蘇曼殊相似，郁達夫也富有詩人的才氣。他在讀到般生的作品，發現挪威魚村裏的青年也迷戀著大自然之前，早就喜歡躺在錢塘江畔綠樹濃陰的黃沙斷岸間，眺望隔江煙樹青山，諦聽飛鳥的悠然長鳴，或者對著一碧無底的藍天做大半天白日好夢。（《懺餘獨白》）而他的個性主義精神更是盡人皆知的。憑著這種迷戀自然、喜好遐想而且情感纖敏的詩人氣質，崇尚自我、蔑視傳統的個性主義精神，郁達夫的小說具有濃烈的抒情風味和浪漫色彩，其淒婉感傷的格調與蘇曼殊的風格有著內在的聯繫。

　　但是郁達夫的創作並非師承蘇曼殊，其特點主要決定於時代。他生活在五四時期，經歷了反帝反封建的新文化運動，感受了時代的氣息，又在日本接受了「世紀末思潮」的影響，廣泛地借鑒了外國文學，因而他追求個性解放、反對傳統思想的態度遠較蘇曼殊徹底而堅決。這種新的時代精神融進了他的小說，使其思想內容和浪漫風格方面都表現出不同於蘇曼殊小說的特點，顯示了相對於蘇曼殊浪漫抒情小說的重大發展。

　　就思想內容而說，從蘇曼殊到郁達夫，浪漫抒情小說的發展軌跡可以概括為加強了反封建的力度。這最集中地體現在郁達夫對自我靈魂的大膽暴露上。蘇曼殊總是把男女戀情純化到詩意的境界，充滿了和尚氣。郁達夫則絲毫不考慮感情的節制、情欲的掩飾，總是毫無顧忌地展開靈肉衝突，把心靈中最隱秘、最卑微的欲念公之於世，甚至誇飾頹廢，想像出種種變態的念頭和舉動。《沉淪》的描寫焦點是青春欲望受到壓抑後產生的變態心理，其他作品大多也離不開一個「性」字。這種驚世駭俗的大膽，首先是由於郁達夫具

〔註4〕　轉引自揚義：《中國現代小說史》，人民文學出版社 1986 年版，第 61 頁。

有人文主義的道德觀念。性本是生活中不可迴避的問題，但長期來由於封建禮教對人的蔑視和對情的抑制，似乎成了一個「最骯髒」、「最禁忌」的字眼。道學家們，如魯迅《肥皂》裏的四銘之流，對此採取了極為虛僞的態度。而郁達夫從人文主義觀念出發，揭去了蒙在性意識上神秘的黑紗，把它視作人的一種天性，通過其被扭曲的故事，表達對黑暗社會的控訴。於是性意識的表現，在郁達夫筆下，便成了一種文學因素，昇華為精神的東西。只要是心理健全的人，也即周作人所謂的「受戒者」，去讀《沉淪》，感到的必定是主人公內心的創痛和我們民族的悲劇。人文主義思想使郁達夫獲得了徹底反封建的道德觀念，使他對自己的抒情方式充滿觀念上的自信，因此他能真誠大膽地敞開自己心靈。

當然，僅僅具有一種新的道德觀念，在跟強大的封建習慣勢力作鬥爭中還是會打敗仗的，因為這種道德觀念本身就很可能被慢慢腐蝕掉。郁達夫所以能堅持自我暴露的寫法，還由於他有個性意識作為心理支撐。個性主義是人文主義思想的核心內容，它主張自我擴張，承認人有局限性，因而要求真誠，而不要求人成為合乎某種理性規範的完人。因此，它能有效地削弱腐朽的道德原則對人的束縛。郁達夫經過了五四個性主義思潮的洗禮，又在「世紀末的思想中」發現了──個「自我」，知道要把這個自我「守住擴張下去，與環境對抗著」。〔註5〕這便使他只注重自我價值的實現，而有勇氣置道學家的陳詞濫調於不顧，因而在很長一段時間裏，他能我行我素地走自己的路。

郁達夫的自我暴露還與他「唯真唯美」的文藝思想有關。他說，「藝術的價值，完全在一個真字上」，〔註6〕首先是感情的真實，「世上若罵我以死作招牌，我肯承認的，世上若罵我意志薄弱，我也肯承認的，罵我無恥，罵我發牢騷，都不要緊，我只求世人不說我對自家的思想取虛僞的態度就對了，我只求世人能夠瞭解我內心的苦悶就對了。」既然把感情的真實當作藝術的最高準則，那麼「心境是如此，我若要辭絕虛僞的罪惡，我只好赤裸裸地把我的心境寫出來。」〔註7〕

〔註5〕 參看郁達夫的小說《蜃樓》，《郁達夫全集》第 2 卷。浙江文藝出版社 1992 年版。

〔註6〕 郁達夫：《藝術與國家》，《郁達夫全集》第 5 卷，浙江文藝出版社 1992 年版，第 64 頁。

〔註7〕 郁達夫：《寫完了〈蔦蘿集〉的最後一篇》，《郁達夫全集》第 5 卷，浙江文藝出版社 1992 年版，第 77～8 頁。

　　由此可見，郁達夫敢於自我暴露，是因爲他有人文主義思想、個性意識和反詩教的美學觀念的支持。這些思想武器在蘇曼殊的時代已開始引進，但只有在經過五四思想啓蒙以後，才能被像郁達夫這樣首先從傳統裏比較徹底地解放出來的先進知識分子所自覺運用。因而，郁達夫小說雖然筆觸過於浮露，有時情調也過於頹廢，卻表現了不加掩飾的情感眞實和反封建的徹底性，這是蘇曼殊所望塵莫及的。而且，這些缺點，在「五四」這個自由解放的時代，一定程度上卻成了反封建的優點，成了郁達夫抒情風格中不可或缺的因素。正是在反封建的意義上，郭沫若曾大聲地讚揚郁達夫的小說：「他那大膽的自我暴露，對於深藏在千百萬年的背甲裏面的士大夫的虛僞，完全是一種暴風雨式的閃擊」。

　　但歷史總是在矛盾中向前發展的。新文化運動喚醒了青年，使他們有了個性解放、戀愛自由的要求，也讓他們嘗到了覺醒後環境壓迫、無路可走的苦處。盧隱、沅君等作家筆下的人物那種大膽追求自由、愛情和泊求過程中伴隨的焦躁不安，感傷苦悶的情緒，就是這一新舊交替、舊勢力還未完全退出歷史舞臺的人時代裏，青年們複雜情感的眞實流露。而郁達夫除了受這種時代因素的影響外，還有他自己獨特的經歷。他家中有舊式妻子，成了追求自由的潛在的心理負擔。他東渡日本，正當人生的「浪漫抒情的時代」，但爲弱國子民的身份所累，哪裏去尋找愛情？再加上他纖敏的情感，使他在大膽叛逆的同時，伴隨著更爲強烈的苦悶。用他自己的話說，「與夫所感所思，所經歷的一切，剔括起來沒有一點不是失望，沒有一處不是憂傷，同初喪了夫主的少婦一般，毫無氣力，毫無勇毅，哀哀切切，悲鳴出來的，就是那一卷當時很惹起許多非難的《沉淪》。」〔註 8〕因而，感傷情調便成了郁達夫早期小說的一個重要特點。比如，《銀灰色的死》寫「他」在東京街頭對酒家侍女靜兒的微妙感情，可靜兒嫁人，「他」孤獨中借酒澆愁，醉死在銀灰色的月光下。《南遷》裏，從小就憂鬱厭世的伊人在醫院裏愛上了一個日本少女，可感情尚未明朗，便遭到情敵的中傷，死神很快降臨到他的身上。所寫的全是情感的失落，幻美的破滅。蘇曼殊小說也是感傷的，但同是感傷，蘇曼殊是在虛幻美麗的愛情之夢中徘徊，以遁入空門標榜自己的超脫，傾向於逃避現實，掩飾情欲；而郁達夫直接寫得不到愛情的苦悶，感傷中體現了五四青年追求

〔註 8〕　郁達夫：《懺餘獨白》，《郁達夫全集》第 5 卷，浙江文藝出版社 1992 年版，
　　　　第 542 頁。

愛情的執著精神和因追求的艱難而生的幻滅之感。

郁達夫寫淒迷的月色，朦朧的樹影，蕭瑟的秋風，斷魂的游子，筆下洋溢著感傷的詩意。但他沒有象蘇曼殊那樣，囿於個人狹小的天地，而總是把個人的哀愁與家國之思調和起來，使個人的情感有了較充實的社會內容，也使家國之思染上了個人哀傷的色彩。《沉淪》裏有郁達夫作為弱國子民的切身體驗。一個留日青年學生渴望愛情和友誼，可他備受輕侮，變得自卑寡歡，不甘沉淪而又不可自拔地沉淪下去。這本是一個悲哀的故事，但作者把個人命運和祖國的命運交織在一起，暗示了祖國貧弱而使其兒女受苦的主題，在個人傷感的調子中寫出了我們民族的不幸。《茫茫夜》寫得更為粗俗些，於質夫從日本回國，目睹國內軍閥當道，政治黑暗，覺得「茫茫的長夜，耿耿的秋星，都是傷心的種子」。意志脆弱的他便因失望而採取了自暴自棄的態度，從妓女身上尋求同情和麻醉。作品的情調偏於頹廢，但頹廢中也包含著對黑暗社會的含淚控訴。1927 年郁達夫在回答日本記者的提問時說：「我的消沉也是對國家，對社會的。現在世上的國家是什麼？社會是什麼？尤其是我們中國？」這三個反問說明他的感防中包含著憂時傷國的社會內容。很明顯，從蘇曼殊慨歎身世，一般地詛咒人間不平，到郁達夫由個人悲哀引向對社會的控訴，表達對祖國命運的關注，反映了五四作家內在情感世界的擴大和他們與人生的接近，因而作品的社會意義也就更為豐富。

若就藝術表現而言，郁達夫對於蘇曼殊浪漫小說的發展在於更趨向主觀化，這是與他上述大膽的自我暴露這一創作態度密切相關的。在新舊交替的時代，人們擺脫了禮教的束縛，精神處於昂奮之中，感情也變得複雜強烈，一般都有表現內心欲望和苦悶的要求。同時人的價值得到肯定，這種自我表現也就有了可能。因此，從近代到現代，文學發展的一大趨勢便是順應這一社會心理要求，把描寫重點從外部世界移向自我和心靈。而郁達夫由他的浪漫氣質和重主觀的美學思想所決定，小說的主觀色彩比同時代的作家更為強烈。

人們早就注意到，郁達夫信奉「文學作品，都是作家的自敘傳。」在他的作品裏，主人公無論是叫「伊人」、「質夫」，「文樸」，還是叫「他」（《沉淪》）、「我」（《胃病》），其實都是郁達夫自我的藝術寫照。這些人物一以貫之的孤獨內省、憂鬱敏感的性格氣質，是與郁達夫一致的，甚至連一副外貌也酷似郁達夫。同是取材於自我經歷，蘇曼殊小說有很強的情節性，多表現為青年男女之間的情感糾葛，側重於寫人物的遭際命運；而郁達夫的小說則是更為

貼近心靈的，他喜歡走到哪裏，寫到那裡，一味表現自我的心境。這樣的寫法，顯然已經不是蘇曼殊小說那種舊的形式所能勝任的了。它要求採用相應的新的結構方式，而郁達夫也這樣做了。他通過「我」去主觀地把握人生，注重內省，以情緒之流組織全篇，讓零碎的事件在主人公情緒線索上連接起來。因而人物在主人公面前大多像匆匆過客，只引起他的內心騷動，而沒有跟他構成性格衝突。主人公的內心苦悶和自卑膽怯本是環境壓迫造成的，但環境的力量並不體現爲具體的人和事，只是作爲一種時代氛圍，存在於他的心理感覺中。因此讀郁達夫的小說，幾乎很難找到錯綜的人物關係，曲折的情節發展和複雜的場面描寫，使人樂於回味的是「自我」心靈律動和情緒起伏所構成的節奏和韻味，以及染上了主觀感情的優美的寫景片斷。有些小說甚至打破了與散文的界限，以散文筆法寫小說，沒有情節，只有悠遠的情思和深沉的歎息。如《蔦蘿行》把「我」不愛妻子而又不得不愛的矛盾心理寫得一唱三歎，恩恩怨怨難以分清，宛如一篇沉痛的懺悔。《懷鄉病者》則僅記下於質夫在黃昏殘照當中坐在小樓上的遐想，一絲懷鄉的愁緒，幾聲無可奈何的歎息，寫盡了天涯游子孤獨的心境。《青煙》裏，「我」對著燈光映照下的淡紫煙霧，頭腦裏幻化出 20 年後自己的一幕慘劇，表達出「人生如青煙」的哀痛感受。這些作品調子是低沉的，但郁達夫通過淡化情節，直接地切入了「自我」的靈魂，獲得了很強的音樂效果和富有詩意的藝術韻味，其濃烈的抒情味是蘇曼殊的寫實結構所難以容納的。

　　總而言之，從蘇曼殊 1917 年寫完最後一篇小說《非夢記》到郁達夫《沉淪》的發表，前後不過四年，由於時代劇變的推動，抒情小說已經沿著更爲徹底地反封建和更爲強烈地傾向於主觀表現的方向朝前飛躍到了一個嶄新的發展階段。如果說，蘇曼殊小說在思想和藝術上還與傳統保持著較多的聯繫，那麼郁達夫小說在思想意識上完全採取了反傳統的姿態；他的浪漫抒情不僅表現爲人物氣度，而且成了作品的敘述原則、結構方法和語氣基調，成了藝術表現的靈魂，因而形式和內容、情調和表現手法之間取得了協調統一——這是一種眞正浸透了浪漫精神、富有時代特色的嶄新的抒情小說。時代條件和個人氣質的結合，使郁達夫脫穎而出；時代又爲郁達夫的成功準備了合適的讀者。很難想像郁達夫的小說能在未經廣泛的思想啓蒙、傳統勢力還十分強大的蘇曼殊時代站住腳跟，可是經過新文化運動的洗禮，個性解放已經成了廣大青年的自覺要求。他們能理解郁達夫的苦悶，也能接受郁達夫的審美

理想，因而郁達夫不需辯白就能找到「振動數相同的人」，「燃燒點相近的人」，他成了青年的朋友，並和眾多青年一道掀起了一個有聲有色的浪漫抒情小說的大潮。

（原載《寧波師院學報》1987 年第 4 期）

屠格涅夫對郁達夫小說的影響

　　郁達夫是在日本開始涉獵西方文學的。他在高等學校的幾年中所讀的俄德英日法小說，「總有一千部內外」〔註1〕。這些小說以不同於中國古典小說的思想觀念和藝術形式，對他的創作產生了深刻的影響。在郁達夫與西方文學這種極為廣泛的聯繫中，屠格涅夫的影響占著很重要的地位。郁達夫曾說，他從屠格涅夫的《初戀》和《春潮》開始讀西洋文學，此後的文章多次談到屠格涅夫及其作品，1928年又翻譯屠格涅夫的論文《〈哈姆雷特〉和〈堂吉訶德〉》，並寫傳記兩篇。而下面這段話更值得引起注意：「在許許多多古今大小的外國作家裏面，我覺得最可愛、最熟悉，同他的作品交往得最久而不會生厭的，便是屠格涅夫。這在我也許是和人不同的一種特別的偏嗜，因為我的開始讀小說，開始想寫小說，受的完全是這一位相貌柔和，眼睛有點憂鬱，繞腮鬍長得滿滿的北國巨人的影響。」〔註2〕

　　考察屠格涅夫對郁達夫的影響，一般都會注意到他們筆下「多餘人」系列形象的相似性。屠格涅夫寫過不同類型的多餘人性格，有粗暴的花花公子瓦西利‧盧欽諾夫，醉心於吃喝玩樂的維列切夫，嗜好決鬥的阿甫捷衣‧魯契柯夫，但與郁達夫的多餘人相似的是那些善良溫和，然而又自卑怯弱的人生失意者。我們盡可以從兩個作家所寫人物個性和命運的相似中去揣摩他們的影響關係，可我覺得更為重要的是確切把握這種影響產生的途徑和實質。

〔註1〕　郁達夫：《五六年來創作生活的回顧》，《郁達夫全集》第5卷，浙江文藝出版
　　　　社1992年版，第338頁。
〔註2〕　郁達夫：《屠格涅夫的〈羅亭〉問世以前》，《郁達夫全集》第6卷，浙江文藝
　　　　出版社1992年版，第96頁。

古今中外優秀之作，由於深刻地反映了各自時代和民族生活的某些本質方面，不自覺地採用了某些相似手法，甚至表現了近似的風格，使人們有可能進行類比，但這未必意味著彼此有直接的關係。而且從本質上說，屠格涅夫和郁達夫所塑造的多餘人形象也是頗為不同的。屠格涅夫概括的是19世紀中葉俄羅斯貴族先進知識分子的特點，他們大多具有進步的思想，敏感的頭腦，其可悲在於當應該行動的時候卻習慣於主觀反省。郁達夫寫的是20世紀初中國平民知識分子，同是覺醒的一群，但身受異族歧視，心存時代苦悶，其個性更為卑微。屠格涅夫的多餘人，大多能在愛情與義務相矛盾時，因卑怯或善良而傾向於自我克制，而郁達夫的多餘人則具有更為強烈的個性意識，幾乎完全擺脫了傳統道德的束縛，熱烈地追求著理解和愛情，雖然同樣受環境壓迫，悲歎著自己的不幸。無須再舉例子，可以肯定，這兩個作家寫的各是自己時代和民族的多餘人。因此，我們考察屠格涅夫對郁達夫的影響，不能僅憑共同的多餘人血統而簡單地通過類比得出結論，而應該深入到作家的創作過程中去，到他們的創造性思維活動中去尋找內在的影響關係。

那麼，從創作心理過程的角度看，屠格涅夫對郁達夫的影響表現在哪些方面呢？首要之點，我覺得，是一種情感上的觸動以及由此而產生的如何認識自我的思想啟迪。

屠格涅夫塑造的多餘人，性格各不相同，但有一個共同點，就是其性格的貧血和在生活中顯得「多餘」的命運。比如羅亭以驚人的辯才、深刻的思想和瀟灑的風度打動了娜塔莉婭的心，可是當姑娘因母親反對勇敢地跑來找他商量對策時，他卻怯懦地表示：「當然是服從。」羅亭不會毫無考慮就行動，可在碰到第一個障礙時，他就完全垮了。一事無成便是他的命運。當然，這些人有時也曾為改造自己作過努力，像《貴族之家》裏的拉夫列茨基為了改變因缺乏愛而從小養成的孤獨習性，為了擺脫父親對他的畸型教育所造成的後果，他大量地閱讀新書，但這也只不過部分地改變了他對人生的看法，而多年來「他在自己的父親面前都本能地順從；當他終於看透父親的時候，木已成舟，一些習慣已根深蒂固」。因此他後來雖然熱烈地與莉莎相愛，但當不貞的妻子突然從巴黎返回，粉碎了他的美麗夢幻的時候，他也就缺乏性格力量去保護莉莎，爭取幸福，只能「在展望人生終點的時候，在期待著去見上帝之前」，「帶著悽愴」，發出大聲的感歎：「你好，孤獨的晚年！熄滅吧，無用的生命！」而《零餘者日記》中的楚爾卡士陵則用更為明確的語言宣告自

己「在這個世界簡直全然是多餘無用的」：姑娘背棄他，生活中的一切好位置盡被別人占去，結果弄得他懷疑起自己而痛苦地進行自我分析。他「把自己分析得非常仔細，拿自己比別人……忽而笑起來，忽而悲傷泄氣，陷入可笑的沮喪中」。這些多餘人儘管善良，也不乏才智，可他們缺乏行動力量，在生活激流中被沖得暈頭轉向。對於這些人的不幸遭遇，屠格涅夫滿懷同情，但他也巧妙而尖銳地批評了他們嚴重的性格弱點。屠格涅夫以出色的才能通過這些人愛情和事業上的破產表現了他們在社會上的軟弱地位，實際上宣告了一個真理：貴族階級中的先進代表人物無力推動歷史前進，也無力解決重要的社會問題，他們注定要被歷史所淘汰。

一個作家受外來影響，總是基於自身的條件。情感纖敏、富有詩人氣質的郁達夫，顯然沒有也不可能採取屠格涅夫式的批判態度。他還缺乏相應的理性力量。他更多的是從自身受人歧視、聊無寄託的感受出發，同情屠氏筆下多餘人「零餘無用」的遭遇，並由同情發展為對自己的憐憫。他的散文《零餘者》，敘述的便是這種聯想的情形：「我」在城郊漫步，「忽然感覺得入寒歲暮，好像一個人漂泊在俄國的鄉下」——俄國的鄉下不是羅亭們的故鄉？正是在這種氛圍裏——「我的腦裏忽而起了一個霹靂」，那些毫無系統的思想都集中在一個中心點上即「我是一個真正的零餘者！」「生在這裡，世界和世界上的人類，也不能受一點益處，反之，我死了，世界和社會，也沒有一點損害。」很明顯，這是基於相似命運而產生的情感觸動，而同病相憐所導致的結果則是一種思想啟迪，一種對於自己多餘人的社會身份的恍然大悟——如果以前郁達夫只是朦朧地感到苦悶，那麼現在他才明確知道了，「我是一個真正的零餘者！」

文藝創作中，作家對自我身份的「恍然大悟」是至關重要的。它好像一道閃光，剎那間照亮了作家本來朦朧模糊的內心世界，使他得以明瞭自己，從而能自覺地運用他的全部生活積累和藝術經驗。所謂作家找到了「自我」，發現了「自我」，大致就是這種情形。不難理解，對於詩人氣質極濃的郁達夫來說，恍然意識到「零餘者」的身份，無異於像給一缸混濁的水下了一大劑明礬，使他從小就有然而處於朦朧狀態的憂鬱情緒向「多餘人」這個明確的意識中心凝聚，因凝聚而變得更為強烈。那也等於給他的創作暗示了一個主題，一種宣泄內心情感的方式，使他得以從自我的憂鬱情緒出發，描繪、甚至虛構誇飾中國多餘人的種種病態心理，寫出一篇篇充滿感傷情味的作品。

郁達夫筆下的多餘人，無論「質夫」、「文樸」、「伊人」，還是「我」或「他」，其思想和感情都是中國人的，不是屠格涅夫的翻版，但啓發他以多餘人的眼光審視自己，讓自己的情緒向「多餘人」這個中心湧動，由此進入創作過程的的確是屠格涅夫。而且在耳聞目染中，也難免感受了屠氏筆下多餘人的消沉意氣，正如他自己所說：「在高等學校的神經病時代，說不定因為讀俄國小說過多，致受了一點壞的影響。」〔註3〕就這一點而言，屠格涅夫對郁達夫的影響具有深層次的總體性的意義：他喚醒了郁達夫的憂鬱詩情和文學創作的才能，影響著郁達夫創作過程中情感活動的方式，因而規定了郁達夫創作的始發方向和基本色調。郁達夫真誠地奉屠格涅夫為自己走上文學道路的宗師，原因大概就在這裡。

引起感情的共鳴，性格是一個重要因素，但最根本的還是中國和俄國社會條件的近似，以及由此造成的一般知識分子的相似命運。俄羅斯農奴制趨向崩潰時期的黑暗現實，使受過良好教育的羅亭們首先醒悟過來，預感到了歷史發展的趨勢，而貴族生活並沒有培養他們的意志，結果他們被拋出了生活常軌，陷於思想和行動的尖銳矛盾中。五四時期的中國，同樣面臨著歷史性巨變，新的社會力量在日漸壯大，但保守的傳統勢力仍很頑固。郁達夫從西方思想庫中獲取了個性主義的武器，碰到的卻是社會黑暗和守舊勢力的圍攻：「惡人的世界塞盡了我的去路，有名的偉人，有錢的富商和美貌的女郎，結了三角同盟，擯我斥我，使我不得不在空想的樓閣裏寄我的殘生。」〔註4〕這裡，性格因素和特定的社會條件互相作用，在辯證聯繫中規定了郁達夫獨特的人生態度和情感傾向，使他在羅亭們身上體驗到了自己的悲哀，照出了自己的影子。

既是總體性的影響，就必定會體現在創作的其它方面。首先，是刻劃人物的方法。要寫出多餘人複雜的內心世界，關鍵自然在心理描寫。屠格涅夫和郁達夫心理描寫各有千秋，但由於他們面臨著相似的表現對象，所用的手法仍能讓人悟出某種內在的聯繫。屠格涅夫善於寫人物的孤獨內省。如描寫青年的熱戀，他喜歡讓小夥子在一個明月之夜隻身來到花園或河邊捫心自問：「我愛上她了嗎？」這時周圍的景色是神秘縹緲的，似乎小草在細語，微

〔註3〕　郁達夫：《五六年來創作生活的回顧》，《郁達夫全集》第5卷，浙江文藝出版
　　　　社1992年版，第338～39頁。
〔註4〕　郁達夫：《〈蔦蘿集〉自序》，《郁達夫全集》第5卷，浙江文藝出版社1992年
　　　　版，第76頁。

風在低吟，大自然的生命氣息激發了人的感情。在這樣的氛圍裏，他終於肯定「我愛上了她」，於是一幕悲劇拉開了序幕。這樣的寫法，好處在於能充分展示多餘人性格的猶豫多疑。屠格涅夫的小說，精彩之處也往往是這類描寫主人公在富有詩意的環境中內心自省的部分。這種方法在郁達夫手裏則貫徹到整篇小說，他寫的幾乎全是主人公內心的自省，外部事件只有作為引起主人公情感活動的刺激源才具有意義。因此，郁達夫小說的一個顯著特點便是情節淡化，支撐作品結構的則是主人公流動的情感和思緒。但屠格涅夫也善於通過外部衝突表現主人公內心情緒和意向之間錯綜複雜的矛盾，藉以暴露多餘人意志的軟弱。《春潮》寫貴族青年薩寧難拒妖豔的有夫之婦瑪麗亞·尼古拉耶夫娜的誘惑，背棄了女友。他在墮落之初也曾希望過「明天一切都會永遠結束」，可意志薄弱的人對自己說話，總愛用堅決的語調，「明天」對他意味著什麼呢？意味著心甘情願地充當了瑪麗亞的玩物，又被無情地隨手扔掉。《煙》具有類似的構想，主人公維切夫處於微妙的境地——一邊是昔日的情人、現在身為將軍太太的伊麗娜，另一邊是善良的未婚妻。此時他內心道德與邪惡的矛盾直接轉化為兩種聲音的交鋒：一種聲音敦促他趕快離開不失真誠然而虛榮自私的伊麗娜，回到忠誠的未婚妻身邊去。他甚至害怕伊麗娜的追求，已經匆匆整理好了行裝。可另一種聲音在最後關頭拖了後腿——應再去看一次伊麗娜，把真情告訴她，不用怕，就要跟她永別了。激情和理智在他內心激戰，但就在這最後一次，他的理智防線徹底崩潰，而這本來也正是他不自覺地所期待的。屠格涅夫出色地把人物的外部選擇轉化為內在的衝突，寫出主人公為他們的個性所拖累，越是反抗某種情勢，越是朝這種情勢加速前進，明知前面再跨一步便是懸崖，卻身不由己地往深淵跳。而就在這縱身一跳之間，情節發展過程中積累起來的張力剎那間釋放出來，化為驚心動魄的藝術光彩。類似的手法，我們也可在郁達夫的小說裏看到，比如《沉淪》著意表現的是主人公清醒的理智和卑微的情感之間的衝突，他憑理智譴責自己的無恥、墮落，可情感又拖著他向最不願去的方向滑去，最後在酒家妓院買醉求笑，毀掉了自己的純潔情操。此外，《蔦蘿行》裏的「我」對妻子不能愛然而不得不愛，《茫茫夜》、《秋柳》中的質夫沉溺於醉鄉而不能自拔等，寫的都是多餘人內心的情理衝突和他們悲劇性格的必然破產，從中都可看出郁達夫對屠格涅夫組織錯綜複雜心理矛盾的手法的獨到運用。

　　若從作品風格的角度看，屠格涅夫和郁達夫是頗為不同的。屠格涅夫是

講故事的能手，郁達夫喜歡寫「自我」的憂鬱；屠格涅夫刻劃多餘人時，擅長於讓他們進行自我分析，作品有較強的理性色彩，郁達夫則一瀉無餘地抒寫主人公的內心哀怨，情味很濃；屠格涅夫力求概括整整一代多餘人的性格和命運，郁達夫則只在悲歡「自我」的不幸。一句話，屠格涅夫重在再現生活，郁達夫則偏於表現主觀。但這決非說他們風格上毫無相通之處。決定風格的因素非常複雜，其中題材特點和作者處理題材的態度對形成風格有著不可低估的影響，誠如赫拉普欽科所言：「創作對象本身的性質，那些成為作家作品的推動因素的矛盾衝突的獨特性，同藝術家對待周圍世界的態度一起，在風格形成中起著重要的作用。」〔註5〕既然屠格涅夫和郁達夫都寫多餘人的題材，而且都傾向於通過心理衝突表現他們性格的破產，那麼他們的風格也必定會在某個側面相重合，其實這個側面就是他們風格的抒情性。屠格涅夫是一個現實主義作家，但他的現實主義跟果戈理的冷峻和契訶夫的簡練有明顯區別，而比較接近普希金和萊蒙托夫的抒情風格。特別是他的中篇和短篇，如《三次相逢》、《阿霞》、《春潮》、《初戀》等，寫男女青年的愛情故事，充滿了憂鬱的情調。可以說，這種柔和的抒情風格正是使郁達夫產生興味的重要因素，並使他在喜愛中受到感染，進而影響到自己的審美追求和抒情風格的形成。

當然，郁達夫對屠格涅夫風格的理解很大程度上帶有主觀性，多了點感傷詩人的誇張，而缺少學者式的冷靜。他曾這樣評論屠格涅夫的早期小說：「因別離（按與費雅度夫人的分別——引者）而產生的那一種無可奈何之情，因貧困而來的那一種憂鬱哀傷之感，更因孤獨而起的那一種離奇幻妙之思，竟把屠格涅夫煉成了一個深切哀傷、幽婉美妙的大詩人。」〔註6〕如果把「深切哀傷、幽婉美妙」的評語移用到屠格涅夫 60 年代以後的作品上，也許更妥貼些，但重要的是這向我們提示了郁達夫自己的情感傾向和審美選擇。郁達夫曾譯過《零餘者日記》中的詩：「柔心，問我柔心，為甚憂愁似海深？／如此牽懷，何物最關情？／即使身流異域，卻是江山洵美好居停——／柔心，問我柔心，——此外復何云？」〔註7〕雖為翻譯，還不如說是充分體現了他出

<hr>

〔註5〕 米·赫拉普欽科：《作家的創作個性和文學的發展》，上海人民出版社 1977 年版，第 122 頁。

〔註6〕 郁達夫：《屠格涅夫的〈羅亭〉問世以前》，《郁達夫全集》第 6 卷，浙江文藝出版社 1992 年版，第 102 頁。

〔註7〕 郁達夫：《水明樓日記》1932 年 10 月 15 日，《郁達夫全集》第 12 卷，浙江文

眾才情和憂鬱心懷的再創作。這些都表明，郁達夫不太重視屠格涅夫小說描寫的客觀性，而格外偏愛他的抒情性；不去體味屠格涅夫對俄羅斯前途的樂觀信念，而特別強調他因去國懷鄉和個人生活的不如意而產生的悲哀之感。不用說，這種偏愛與郁達夫的氣質和他所處的環境條件密切相關。他敏感纖弱，生活在動亂的時代，又受到世紀末思潮的影響，因而容易對屠格涅夫作品裏的哀怨情調產生共鳴；但也正因為有所偏愛，他才能既有所感染，又自成一家。結果，他的憂鬱發展為淒厲哀痛，而屠格涅夫的不少中篇是在暮年時對於往昔的回憶，以從容寬徐的筆調寫惆悵若失的心情，使他可以像普希金那樣自信地說：「我的悲哀是明媚的。」

　　抒情格調的相近，還能說明另一個涉及創作過程的重要問題——它意味著兩位作家採用了大致相似的醞釀詩情的辦法。1851 年屠格涅夫寫成中篇《三次相遇》，作品沒有正面展開故事情節，只是截取「我」與一個年輕漂亮的貴族女子三次偶然相遇時目睹的情形，用虛筆暗示了一個悲劇，以此揭露上流社會司空見慣的道德淪喪，而它的成功則主要在於借助極為巧妙的構思渲染了一種撲朔迷離的氛圍和憂鬱動人的詩情。涅克拉索夫讀後深為感動，特意寫信要屠格涅夫繼續並深化這種抒情中篇的寫法，建議他再把這部作品看一遍，重溫「自己的青年時代，自己的愛情，以及那飄忽不定、如醉如癡的青春激情和那沒有煩惱的愁悶」，寫出與這種情緒相吻合的作品來。他感歎說：「你自己不知道，只要能用愛情、痛苦和任何一種理想去撥動那根同你那顆心兒一樣跳動著的心弦，它就會發出怎樣的聲音啊……」屠格涅夫採納了這一寶貴的建議，寫出了同樣充滿詩情美的中篇《阿霞》。用不著再分析《阿霞》和格調類似的《初戀》、《春潮》和《煙》等，已經可以發現，屠格涅夫的訣竅就在於他善於「用愛情、痛苦和任何一種理想」去撥動那根敏感的心弦，醞釀出憂傷而甜蜜的詩情。一般地說，文藝創作都伴隨著作家的情感活動，但情感的性質、強度和介入創作過程的方式，各個作家都有自己的特點。郁達夫醞釀創作激情的方法以及它介入創作過程的方式，看來與屠格涅夫頗為相似。他總喜歡回味自己的可憐情狀，讓自己沉入最憂鬱、最卑微的心態，甚至用幻想的痛苦折磨自己，然後直接記錄心靈的每一次顫動。郁達夫沒有特別點明這種方法取自屠格涅夫，但是對這兩個作家來說，既然屠格涅夫在總體上和其它重要方面對郁達夫有著深刻影響，而且後者對

藝出版社 1992 年版，第 360 頁。

前者的詩情來源像他在《屠格涅夫的〈羅亭〉問世以前》裏所寫的那樣，心領神會，那麼在後者為實現自己的抒情風格而採取的類似辦法中接受了前者的影響是不可否認的。因為藝術創作是一個複雜的心理過程，作家間的相互影響是微妙的，往往由某一點啓示會導致其他方面的領悟，有時甚至在不知不覺之中使你受到感染，影響到你的風格的形成。

屠格涅夫和郁達夫都是描寫大自然的高手，大自然的美在他們的抒情風格中佔有極為重要的位置。可以設想，如果沒有這些優美的寫景文字，他們的作品就會貧血。對自然美的永不消逝的敏感和表現自然美的高巧手法，正是屠格涅夫和郁達夫影響關係另一個不容忽視的重要方面。當然，喜歡大自然是郁達夫從小就有的一種天性。還在讀小學時，他就愛上江邊，置身於綠樹濃蔭中，眺望江中的白帆和隔江的煙樹青山，做「大半日白日之夢」〔註8〕。而情景交融的寫法也是中國古代山水詩的傳統，古典文學修養很好的郁達夫難免受其影響。不過這些並不妨礙他自覺地向外國文學、包括向屠格涅夫學習欣賞自然的態度和表現自然美的技巧。屠格涅夫對於大自然的生命，大自然的豐富多彩的美，具有一種令人驚歎的敏感。他非常善於分辨最細微的差異，在和諧的畫面中，表現出極難捉摸的細節。《三次相逢》裏有兩幅迷人的月夜景色圖，一幅是寫俄羅斯鄉村的：

> 滿天星光燦爛。那星星柔和的、藍藍的閃光神秘地淩空飄過天際，彷彿溫存地凝視著遙遠的大地。一小朵一小朵薄薄的浮雲不時地穿過月亮，霎時間使那寧靜的月光變成迷茫的透明的霧……散發著暖意和芳香的大氣凝然不動，不過有時也簌簌顫抖著，就像樹枝落在水面漱起的漣漪……

這夜景顯得悒鬱，深沉、寧靜。另一幅則寫意大利的索倫多：

> 月光璀璨奪目，光芒四射的繁星似乎在湛藍的天空簌簌顫動；皎潔的月光把大地照成了黃色，月光如此明亮，使黑色的樹影，顯得線條格外分明……空氣中浸透著令人沉醉的芳香，那樣的強烈，沁人心脾，幾乎有點太濃重了，覺得嗆人，然而又是那樣難以形容的甜美。

用作者的話說，那色調「多麼明亮，多麼瑰麗，多麼柔美，就像一個幸福的

〔註8〕 郁達夫：《懺餘獨白》，《郁達夫全集》第5卷，浙江文藝出版社1992年版，第541頁。

妙齡女郎」。這兩幅夜景寫得多細膩生動啊！如果對大自然缺乏深情，如果不充分調動各種感覺器官去感受極為細緻的信息，把整個心靈融入大自然，就很難設想能寫出如此微妙豐富的色調變化，寫出大自然的溫熱和氣息。

這種詩意描寫的才能，蘇聯學者早有評論：「屠格涅夫繼承了普希金的那種善於從普通現象和事實中抽出詩歌的驚人才能，因此，那些初看起來可能是平淡無奇的一切，在屠格涅夫的筆下卻獲得抒情詩的色調和浮雕般的美麗畫面。不管是什麼樣的平庸乏味的老菩提樹，只要一遇到這位藝術大師的巧妙畫筆，就會變為永遠成蔭的樹木，長著各種普通蔬菜的菜園就會呈現出一種津津有味的豐盛的景象。」〔註9〕

屠格涅夫描寫大自然基本有兩種情形。一種是把它當作俄羅斯的象徵來謳歌，寄託他對祖國未來的理想。如《獵人筆記·森林和原野》以優美的筆調寫出了祖國大地上的四時景物及其晦明變化，你讀後會覺得心胸舒展，心裏充滿喜悅和希望，情不自禁地向俄羅斯致以熱烈的敬意。另一種是以自然景象來渲染氣氛，襯託人物，使之達到情景交融的境界。如上文所引《三次相逢》裏那兩幅月夜景觀，各是「我」兩次巧遇那個神秘女郎與其情人幽會時的所見，月夜的「靈敏的寂靜在等待一個聲音」，使猝然從閨房裏飄出的一縷琴聲、一陣鼠語顯得格外莫測。那女郎是誰？她跟誰約會？一連串的懸念融化在與之相應的一幅幅撲朔迷離的景色中，使「我」心動，也使讀者神迷。又如《煙》的末尾，作者用一陣飄卷變幻的煙霧來映襯主人公內心的迷茫，眼前的煙幾乎成了人物命運的形象寫照。

郁達夫由衷歎服屠格涅夫的寫景才能。他在《小說論》裏把文藝作品中景與人的關係歸納為「調和」與「反襯」兩種，寫戀人在春景裏漫遊，是調和，寫窮人在歡笑的人群旁垂淚，是反襯。他認為「俄國的杜葛納夫，最善用這兩種方法，我們若欲修得這兩種描寫的秘訣，最好取杜葛納夫的《羅亭》和《煙》來一讀。」〔註10〕這滿懷敬意的會心之論再好不過地道出了他寫景筆法的一個重要的藝術淵源。

在郁達夫小說裏，能顯示他對自然美的敏銳感受力和富有詩意的描寫技巧的例子是俯拾即是的。且不說他的幾處寫景妙筆，如《薄奠》寫北京的晴

〔註9〕　普斯托沃依特：《屠格涅夫評傳》，人民文學出版社1959年版，第45頁。
〔註10〕　郁達夫：《小說論》，《郁達夫全集》第5卷，浙江文藝出版社1992年版，第181～82頁。

空遠山，《小春天氣》寫陶然亭的蘆蕩殘照，久為人們所稱道，我們只引他《南遷》裏的一段：

　　她那尾聲悠揚同遊絲似的哀寂的清音，與太陽的殘照，都在薄暮的空氣裏消散了。西天的落日正掛在遠遠的地平線上，反射一天紅軟的浮雲，長空高嶺，帶起銀藍的顏色來，平波如鏡的海面，也加了一層橙黃的色彩，與周圍的紫氣溶作了一團。

　　歌聲如同遊絲，這是聽覺與視覺的打通，「絲」前用一「遊」字，寫歌聲的縹渺；浮雲之為軟，這是視覺與觸覺的融合，著一「浮」字，強調其質之輕。這裏顏色的調配也是極高明的：在西天殘照映像下，浮雲的紅，海面的橙黃和流動的紫氣融成一種暖色調，與長空高嶺帶起的銀藍相映成趣，構成了一幅五彩繽紛的畫面；而「銀藍」之為長空高嶺所帶起，顯然是以主觀感覺寫畫面的動勢。可見郁達夫不是冷冰冰地描摹山水景物，而是像屠格涅夫那樣的用整個心靈擁抱自然，融情入景，在情景相互激蕩感應中提煉詩意，寫出大自然的光色變幻和生命感。

　　與屠格涅夫有所不同，郁達夫很少賦予大自然以某種象徵性的意義，大自然對他來說永遠是寄託感情的處所，但他善於用景物來「凋和」或「反襯」抒情主人公的情緒，其精神是與屠格涅夫相通的。

　　　　　　　　　　　　　　　　　（原載《外國文學評論》1988 年第 3 期）

「個人性」與「階級性」：
梁實秋與左翼的文學論爭[註1]

　　梁實秋是新月派[註2]中與左翼進行文學論辯的重要人物。長期以來，學界認為雙方論爭焦點在人性論與階級論的對峙。的確，人性是梁實秋拿來對抗左翼的重要武器。他將固定的普遍的人性視作人性之根本，以生老病死這類普泛意義上的人性來批駁左翼文學看重的階級性，其中的理論漏洞是顯而易見的。從理論上言，人性與階級性並非對立關係，人性既包括梁實秋所言的普遍人性，但未嘗就不包括特殊時期特殊階級的個別人性，即階級性。如果文學根基於人性，那文學表現階級性也無可厚非，因為階級性本隸屬於人性。文學應以表現人性為主還是以階級性為主，其實不能構成一組對立的命題。事實上，當梁實秋在用人性反對階級性時，其背後還交織著更為複雜的思想因素，他所依據的不僅是他的普遍人性論，同時也交織著他深厚的個人主義思想背景。

一

　　在梁實秋與左翼的文學論爭如火如荼之時，梁所在的大本營新月派正在轟轟烈烈地向國民黨當局爭人權。在這場論爭中，胡適、羅隆基等都不約而

〔註1〕　本文與張森合作。

〔註2〕　這裡所說的新月派，沿用了梁實秋在《憶新月》中的說法，即「辦這雜誌的一夥人，常被人稱作『新月派』」，主要指以《新月》雜誌為陣地，以胡適為首的一批英美派知識分子，見梁實秋《憶新月》，方念仁編，《新月派評論資料選》，華東師範大學出版社 1993 年版。

同地將「發展個性」視作人的基本權利，重視作為個體的人的權利，明確地將「個人性」置於集體之上的優先位置，並因此反對任何以集體的名義對個人的壓制。實際上，胡適的個人主義思想由來已久，早在《易卜生主義》中，胡適就闡明了他的「健全的個人主義」觀念。五四落潮後，胡適個人主義思想的重心有所轉移。不同於《新青年》時期他所強調「個人」主要是針對傳統舊文化制度對人性的壓抑，此時的他更為重視個人如何在社會中存在，以及個人自由與集團性權力之間的複雜關係。在前期強調「個性」、「個人」的基礎上，他提出了個人相對於集體的優先性。首先，他重申個人對於社會的重要意義，「為我」即是「為社會」，「把自己鑄造成器，方才可以希望有益於社會。真實的為我，便是最有益的為人。」〔註3〕其二，他警惕以集體名義壓制或取消「個人自由」，他說：「現在有人對你們說：『犧牲你們個人的自由，去求國家的自由！』我對你們說：『爭你們個人的自由，便是為國家爭自由！爭你們自己的人格，便是為國家爭人格！自由平等的國家不是一群奴才建造得起來的！』」〔註4〕在《個人自由與社會進步再談五四運動》中，他引用張熙若的話再次提出這一觀點：「個人主義自有它的優點：最基本的是它承認個人是一切社會組織的來源。他又指出個人主義的政治理論的神髓是承認個人的思想自由和言論自由。」〔註5〕胡適明確地將個人置於優先地位，強調「爭個人自由即是爭國家自由」，可見他認為個人相對於集體組織具有優先性和根本性。胡適的這一個人主義思想在《新月》同人梁實秋身上也有體現。

如果說胡適論人權主要著眼在政治制度方面，那麼梁實秋則集中在思想言論自由上，並由此將對國民黨的批判與對當時左翼文學的批評聯繫起來。早在論爭開始前，梁實秋就曾借羅素談思想自由表明自己反對思想專制的觀點〔註6〕。胡適的《人權與約法》發表後，他又發表《論思想統一》予以支持，他說：「思想這件東西，我以為是不能統一的，也是不必統一的。」文章排好後，梁實秋看到報紙上國民黨宣傳三民主義文學，於是又加上一段話予以批評：「很明顯的，現在當局是要用『三民主義』來統一文藝作品。然而我就不知道『三民主義』與文藝作品有什麼關係；我更不解宣傳會議決議創造三民主義的文學，如何就真能產出三民主義的文學來」。接下來，他又

〔註3〕 《胡適文集》第 5 卷，北京大學出版社 1998 年版，第 511 頁。
〔註4〕 《胡適文集》第 5 卷，北京大學出版社 1998 年版，第 511～512 頁。
〔註5〕 《胡適文集》第 11 卷，北京大學出版社 1998 年版，第 585 頁。
〔註6〕 梁實秋：《羅素論思想自由》，《新月》1 卷 11 號（1929 年 1 月 10 日）。

說：「以任何文學批評上的主義來統一文藝，都是不可能的，何況是政治上
的一種主義？由統一中國統一思想到統一文藝了，文藝這件東西恐怕不大容
易統一罷？鼓吹階級鬥爭的文藝作品，我是也不贊成的，實在講，凡是宣傳
任何主義的作品，我都不以為有多少文藝價值的。」〔註7〕實際上，此前梁
實秋已發表《文學與革命》反對革命文學，而從這段話看，他反對的不僅是
左翼文學的做法，右翼文學也是一樣。左右翼文學在他眼裏都將文學視作政
治的工具，壓制了自由思想，因此也無法產生出好的作品。在後來的《思想
自由》中，他同時對左右翼提出尖銳批評：

> 中國現在令人不滿的現狀之一，便是人民沒有思想自由。妨礙
> 人民思想自由的有兩種人：一種是當局者，濫用威權，侵犯人民言
> 論出版自由，不准人民批評，強迫人民信仰某一種主義；還有一種
> 是熱狂的宣傳家，用謾罵的文字攻擊異己，用誣衊的手段陷害異己，
> 誇大的宣揚自己的主張。兩者都妨礙人的思想自由，因為都不是靠
> 了理性爭取人民的信仰，而是用了外力來強制人民的信仰，都是感
> 情用事，而不是冷靜地訴於人的理性。要有了思想自由，必先使人
> 民有充分的安然的研究的機會。壓力要不得，引誘也要不得。要把
> 事實和理論清清楚楚的放在人民面前，要他們自己想，自己信，——
> ——這才算得是思想自由。〔註8〕

可見，梁實秋並非僅僅反「左」或反「右」，關鍵是他對思想自由的提倡，
因此反對以各種名義對個人思想自由的侵犯。不管是胡適的「健全的個人主
義」，還是梁實秋對思想自由的呼籲，其根本都在於他們對個人自由的重視，
源頭還在其思想中的個人主義，這使得新月派的文學觀念具有自己的思想根
基。胡適曾說：「我們希望兩個標準：第一個是人的文學；不是一種非人的
文學；要夠得上人味兒的文學。要有點兒人氣，要有點兒人格，要有人味的，
人的文學。第二，我們希望要有自由的文學。文學這東西不能由政府來指導。」
〔註9〕胡適上述文學觀顯然是以他的個人主義思想為基礎的，而此點也正是
新月派文學最重要的理論基礎。表面看來，梁實秋在論爭中並沒有將胡適的
個人主義觀點作為他理論的支撐，但他反對左翼文學的階級性與此個人主義

〔註7〕　梁實秋：《論思想統一》，《新月》2 卷 3 號（1929 年 5 月 10 日）。
〔註8〕　梁實秋：《思想自由》《新月》2 卷 11 號「零星」欄（1930 年 1 月 10 日）。
〔註9〕　胡適：《中國文藝復興運動》，《胡適學術文集·新文學運動》，姜義華主編，
　　　　中華書局 1993 年版，第 288 頁。

理論卻有著根本的一致，這點較之於他那「普遍的固定的人性」更爲根本，也是他與左翼文學能夠稱得上是眞正對立的地方。

二

　　如果說梁實秋在用普遍人性反對階級性時並無足夠說服力，那麼他直接對革命文學的批評卻有著一貫的學理性，與他重視個人思想自由一脈相承，其核心正是胡適等看重的「個人性」。儘管梁實秋在論爭中處處提及普遍人性，但很多時候他實際上是將「個人性」與「普遍人性」糅雜在一處，從而又呈現出一種論述的含混。首先，從文學表現題材角度言，梁實秋基於對「個人性」的重視，認爲文學主要表現的應該也是個人思想和情思。他並不否認革命作爲文學的表現對象，而是反對「階級性」對「個人性」的壓抑。以階級性作爲文學的表現主體，實際上是以「階級」、「組織」這類集體概念取消了人作爲獨特個體的「個性」。梁實秋說，革命文學「是把文學當做宣傳品，當做一種階級鬥爭的工具。我們不反對任何人利用文學來達到另外的目的，這與文學本身無害的，但是我們不能承認宣傳式的文字便是文學。例如，集團的觀念是無產階級革命家說最寶貴的，無產階級的暴動最注重的就是組織，沒有組織就沒有力量，所以號稱無產文學者也就竭力宣傳這一點，竭力抑止個人的情緒的表現，竭力的鼓吹整個階級的意識。以文學的形式來做宣傳的工具當然是再妙沒有，但是，我們能承認這是文學嗎？」〔註 10〕在這段話中，梁實秋指出文學有宣傳作用，但宣傳式的文字不是文學，這與魯迅的觀點並無差異，然而他反對革命文學的宣傳，更是在於其「竭力鼓吹整個階級意識」，而「抑止個人的情緒的表現」。以階級意識壓制個人性，將集體置於個人之上，崇尚個人思想自由的梁實秋對此顯然是不滿的，而他之所以反對革命文學式的宣傳，其實也不在於左翼將文學工具化的做法，而是指向了其宣傳內容，這內容正是左翼強調的階級性。在《所謂「文藝政策」者》一文中，梁實秋又說：「我並不說文藝和政治沒有關係，政治也是生活中所不能少的一段經驗，文藝也常常表現出政治生活的背景，但這是一種自然而然的步驟，不是人工勉強的。文藝作品是不能定做的，不是機械的產物。」〔註 11〕因而不能把一套政治的公式強加到文藝頭上，如果用政治規範文學，文學就

〔註10〕梁實秋：《文學是有階級性的嗎？》，《新月》2 卷 6、7 號合刊（1929 年 9 月 10 日）。

〔註11〕梁實秋：《所謂「文藝政策」者》，《新月》3 卷 3 號（1930 年 5 月 10 日）。

喪失了自身獨立的個性，這明顯與梁實秋的個人主義思想背道而馳。而一旦文學是依據自身的需要，而不是根據政治的指示進行創造，即使與革命有關也無妨，他說：「革命前之『革命的文學』，才是人的心靈中的滴一滴的清冽的甘露，那是最濃烈的，最眞摯的，最自然的。……文學家既不能脫離實際的人生而存在，革命的全部的時期中的生活對於文學家亦自然不無首先的適當之刺激」〔註12〕。梁實秋這裡對「革命的文學」的認可實際上也是基於他的「個人性」觀點，因為在他看來，這裡的「革命文學」雖然表現革命，但卻是「最眞摯的，最自然的」，是出自人的內心需求，而不是受到政治的指導，正是他所說的「從人心深處流出來的情思才是好的文學」。對此，他還有過類似的說法：「並且我們還要承認，眞的革命家的燃燒的熱情滲入於文學裏面，往往無意的形成極為感人的作品。不過，純粹以文學為革命的工具，革命終結的時候，工具的效用也就截止。假如『革命的文學』解釋做以文學為革命的工具，那便是小看了文學的價值。革命運動本是暫時的變態的，以文學的性質而限於『革命的』，是不以文學的固定的永久的價值縮減至暫時的變態的程度。」〔註13〕前一段是他對基於個人性創作的革命文學的認可，但後一段當他批評將文學視作工具的觀點時，又不自覺地將理論點移置普遍人性一面，梁實秋的含混可見一斑。不過從這裡依舊可以看出，梁實秋承認革命文學的原因正在於這一「革命」意識是「個人」的，是自然流露的，而不是缺乏「個人性」的集體意識的顯現。梁實秋的這一文學觀實際上與胡適，當然也包括梁實秋自己的個人主義觀點，是一脈相承的。新月派秉承西方自由主義傳統，重視個人自由，並反對任何借集體名義對個人的抹煞。表現在文學上，則是文學表達的只要是屬於個人的，不論他與革命有關還是無關，不論是否含有階級成分在內，都是「個人性」的。這裡的「人」是本體意義上的個體人，而非階級意識下的集體人。

　　梁實秋主張文學應該表現「個人性」，而解決這一問題的關鍵還在作家創作的自由，文學上的個人主義實際上是作家創作個人主義的體現。不過他也經常是先提及普遍人性，再論及作家的獨立性。比如在《文學是有階級性的嗎？》中，他先來一句「文學家所代表的是那普遍的人性」，然後再申明「所以文學家的創造並不受著什麼外在的拘束，文學家的心目當中並不含有固定的階級觀念，更不含有為某一階級謀利益的成見。文學家永遠不失掉他的獨

〔註12〕梁實秋：《文學與革命》，《新月》1 卷 4 號（1928 年 6 月 10 日）。
〔註13〕梁實秋：《文學與革命》，《新月》1 卷 4 號（1928 年 6 月 10 日）。

立。」隨後他又舉出托爾斯泰等人的例子說明階級性並不能壓抑普遍人性，這一論證顯然很不充分，直接被魯迅拿過來反擊。實際上，他對文學家獨立地位的強調，與其說與普遍人性有關，還不如說與文學家的思想自由緊密相關。文學家的獨立之根本即為其思想的獨立，也是人之個性的重要表現，這即是他後來所指出的，「文學家不接受任誰的命令，除了他自己內心的命令；文學家沒有任何使命，除了他自己內心對於眞善美的要求的使命。……他還永遠不失掉他的個性。」〔註14〕

梁實秋提出文學家的自由，其實質是他對個人思想自由的重視。梁實秋還把這一觀點延伸到文學的讀者上，這也是針對革命文學家提出的「大多數文學」而發。他從兩個方面對此進行了反駁：一是讀者的藝術品味與階級無關，並且文學往往是與大眾無關的。他對郭沫若「爲了『無產大眾』，可以拋棄文藝，或使文藝不成爲文藝都可以」的觀點進行批評，並指出：「我以爲大眾是沒有文學品味的，而比較有品味的是占少數。」「我所謂的『大眾』，並不專指無產大眾。有產的人也盡有與文學無緣的。我所謂的『大眾』與多數人，是以他們的文學品味之有無而分，並不是以他們的經濟地位而分。」〔註15〕在《資本家與藝術品》〔註16〕中，他還一再表明鑒賞與階級、資產無關係。第二點則是基於上述他對文學家獨立性的強調。文學家無須顧及讀者是大多數還是少數，文學家創作的時候也不能考慮讀者是否大多數：「文學家要在理性範圍之內自由的創造，要忠於他自己的理想與觀察，他所企求的是眞，是美，是善。」「無論是文學，或是革命，其中心均是個人主義的，均是崇拜英雄的，均是尊重天才的，與所謂的『大多數』不發生若何關係。」〔註17〕可見，梁實秋認爲文學是個人主義的，所指的不僅是其內容應該以「個人」爲主，更包含著作家創作時的「個人主義」。

爲此，梁實秋還不認同將文學從屬於政治。他在攻擊魯迅翻譯蘇聯的《文藝政策》時說：「『文藝』而可以有『政策』，這本身就是一個名辭上的矛盾。俄國共產黨頒佈的文藝政策，其內容是全然無理，裏面並沒有什麼理論的根據，只是幾種卑下的心理之顯明的表現而已：一種是暴虐，以政治的

〔註14〕 梁實秋：《文學與革命》，《新月》1卷4號（1928年6月10日）。
〔註15〕 梁實秋：《文學與大眾》，《新月》2卷12號（1930年2月10日）。
〔註16〕 梁實秋：《資本家與藝術品》，《新月》3卷3號（1930年5月10日）。
〔註17〕 梁實秋：《文學與革命》，《新月》1卷4號（1928年6月10日）。

手段來剝削作者的思想自由；一種是愚蠢，以政治的手段來求文藝的清一色。」〔註18〕梁實秋對蘇俄文藝與左翼的批評顯然夾雜著個人偏見，但他也並非有意與「左」為敵，他對左翼文學的批評，根本上針對的還是拿文學當工具而忽略文學本身、壓抑個人思想自由的做法。在與革命文學激烈論爭過後，梁實秋之後關於左翼的言論也更為冷靜。比如 1933 年國民黨政府申禁普羅書籍，梁實秋就有針對性地說：「凡贊成思想自由文藝自由的人，對於暴力（無論出自何方）是都要反對的。……普羅文學的理論，是有不健全的地方，……可是它的理論並非全盤錯誤，實在它的以唯物史觀為基礎的藝術論，有許多觀點是顛撲不滅的真理，並且是文藝批評家所不容忽視的新貢獻。」〔註19〕另外，梁實秋雖不贊成左翼的階級鬥爭觀念，但對於左傾青年他也主張平等對待，他說：「左傾並不是罪惡，等於右傾也不是罪惡。……一個人之信仰某一種天經地義，是被他的環境、遺傳、教育所決定的，所以我們大家信仰儘管不同，可是大家應該尊重彼此的真誠。」〔註20〕可以說，儘管梁實秋對革命文學的批評不無偏激，但這更多出自他對思想自由的信仰而並非有意與左翼為敵。他反對左翼文學，其根本是基於對個體人的人性的重視，由此他反對階級意識對個體意識的壓制，追求文學表現的個性和作家創作的自由獨立，顯示出鮮明的個人主義色彩。從這個角度說，只有個人性，即本體意義上的個人人性而不是「固定的普遍的人性」，才是梁實秋與左翼文學堪稱對立的根本所在。

　　之所要將「個人性」與「普遍人性」剝離開來，一方面是因為梁實秋儘管一再提及普遍人性並以此反對左翼提出的階級性，但實際上這兩者並不能構成事實上的對立，另一方面則是梁實秋儘管在與左翼論爭時未能真正高舉個人性來反對階級性，但他對「個人自由」的重視卻是不言而喻的，並且也滲透在他關於革命文學的批評中。可以說，梁實秋標舉的「文學基於人性」，其意除了他所言的普遍人性外，更重要的是個人主義意義上的、與階級意識相對的個體人性。不過，梁實秋儘管對「個人自由」與「國家自由」也做過清晰地辨析，但卻未能明確以其個人主義理念為重要理論依據來反對階級性，當他實際上是在以「個人自由」反對階級性壓抑個人時，又總是生硬地

〔註18〕梁實秋：《所謂「文藝政策」者》，《新月》第卷第 3 號（1930 年 5 月 10 日）。
〔註19〕《梁實秋文集》第 7 卷，鷺江出版社 2002 年版，第 223～224 頁。
〔註20〕《梁實秋文集》第 7 卷，鷺江出版社 2002 年版，第 300 頁。

搭上他的「普遍人性」，這無疑遮蔽了他的個人主義思想。另一面，「個人性」與「固定的普遍的人性」也是兩個不同的概念。個人性是相對於集體如階級、組織這類概念而言，是個人在社會中表現出的「個體性」，也是個體自由的表現；而普遍人性指的是人性中的恒常因素，相對於因時代、環境、階級等而來的人性中的變化因素。這兩個概念有著很大的差異，卻被梁實秋始終含混地攪在一起。相應的是，當他以「普遍的固定的人性」爲文學表現的具體內涵時，也很難說是個人主義文學的基本特徵，此點只能視作是梁實秋的個人觀點，比如當時同樣持文學自由觀念的周作人、沈從文等對「人性」的理解就與他有很大不同。眞正可以視作是個人主義文學基本原則的，其實是他一直貫穿在論爭中卻又始終未能明朗化的「個人性」觀點。

三

　　值得注意的是，儘管梁實秋與左翼文學在個人性和階級性問題上有著對立且鮮明的取捨，但兩者在文學觀念上也有一致處。比如梁實秋儘管反對左翼將文學視作政治的工具，但又一再聲明他並不反對文學作爲工具，他曾提出文學應該是「有道德的」，反對斯賓塞的「藝術除了表現以外別無目的」。〔註21〕其時左翼正在反對向培良的「人類的藝術」，馮乃超在《人類的與階級的》中就專門提出「我們要克服藝術至上的觀點。」〔註22〕梁實秋對此即表示贊同：「普羅文學家攻擊『爲藝術的藝術』的思想，是很對的。」〔註23〕不過，兩者在文學觀點上的部分彌合併不能掩蓋雙方立場的巨大差異，上述文學觀念不可調和的背後是兩者在政治理念、社會構想上的巨大分歧。

　　眾所周知，新月派這批英美知識分子崇尙改良，而改良意味著對當時政權的合法性的認可，而左翼選擇的是革命道路，要求推翻當時不合理政權。兩者不同的政治立場實際上是導致兩者在文學上以敵對姿態出現的重要原因。比如，儘管雙方同是在國民黨當局統治下爭「言論自由」，左翼卻多次對新月派爭自由進行諷刺。這並非左翼簡單的二元對立心理作祟，恰恰相反，這是雙方對彼此政治立場了然於心的必然反應。很明顯，胡適等雖然大肆批評國民黨統治下無人權，但其目並不是推翻政府，其批評恰是因爲對政府抱

〔註21〕梁實秋：《文學與道德》，《新月》2 卷 8 號（1929 年 10 月 10 日）。
〔註22〕馮乃超：《人類的與階級的》，《萌芽》1 卷 2 期（1930 年 2 月 1 日）。
〔註23〕梁實秋：《文學的嚴重性》，《新月》3 卷 4 號（1930 年 6 月 10 日）。

有改良的希望，這即他自言的「做國家的諍臣」。對此，魯迅是一眼洞穿其實質，說《新月》的政治態度是「以硬自居，而實則其軟如棉。」〔註24〕主要原因就是魯迅看到新月派雖然批評政府，但其目的卻是在維護國民黨統治。左翼刊物《萌芽》也認為胡適的人權論爭不過是延續了他前幾年的「好政府主義」，「是真命天子主義，做主子的好好地做主子，做奴隸的好好地做奴隸。所以胡適主義的本質，不過是在維持奴隸制度，使奴隸制度的社會延長、安定而已。」〔註25〕在左翼眼中，《新月》中人「不過是一個奴才，想討好老爺，『老爺，你底衣服太髒了！』」〔註26〕而針對梁實秋反唇相譏魯迅加入「自由運動大同盟」，左翼即指出兩者所爭的自由是不同的：「『新月社』所要的是『新月社』底自由，和被壓迫的廣大的工農學等毫不相干。他們要言論和思想的自由，然而他們可曾想到過罷工，抗租，罷課，出版，結社等的自由呢？根本上，他們是站在資產階級的立場上的，他們只能使中國的奴隸制度延長，他們一切都是為統治階級者想的，並且還可以看看他們底實際，他們的自由也並沒有絲毫的達到，在三跪九叩之後，他們便沒有辦法了……這也可見他們的『自由』是和一般大眾的爭自由運動根本衝突的。」文章更是揭示出新月派批評政府的背後是以支持政府合法地位為基礎的，這與左翼所取的革命姿態截然不同，甚至是相衝突的：「表面上看去，好像他們也批評政府，也追求自由，然而骨子裏，是暗暗地在做對於統治階級的職務。他們號召的是所謂『歐美式的自由』」，「如果所要的是廣大的中國民眾的自由，便非根本地改換社會制度不可；而『新月社』所要的只是『新月社』底自由——至多是資產階級的自由。」〔註27〕儘管左翼的批評不無片面，但當左翼看到了《新月》批評當局的目的實際是在維護其統治，新月派在左翼眼裏就與當局無異了，充其量是「主僕」關係而已。

左翼文學對新月派的自由理念充滿嘲諷，也不僅僅是意識到這一「爭自由」的背後是對國民黨政權的認可，更根本的原因則在於兩者對自由的理解具有本質的差別。左翼並非不要自由，革命的目的正是為著消滅不合理的階級制度，以達到人類最大多數的解放和自由，但其所爭的乃是階級之自由，

〔註24〕《魯迅全集》第 4 卷，人民文學出版社 2005 年版，第 200 頁。
〔註25〕連柱：《胡適主義之根柢》，《萌芽》1 卷 1 期（1930 年 1 月 1 日）。
〔註26〕圭本：《關於「爭自由」》，《萌芽》1 卷 5 期（1930 年 5 月 1 日）。
〔註27〕圭本：《關於「爭自由」》，《萌芽》1 卷 5 期（1930 年 5 月 1 日）。

是在反對一個階級對另一個階級的壓迫中爭取自由，而不是胡適、梁實秋所言的個人自由。左翼之所以反對新月派的自由論，正在於他們認爲新月派所言的自由無分階級，是一種「抽象」的自由，即是馬克思主義者所嘲諷的：資產階級的自由意味著百萬富翁與一文不名的乞丐都有在大橋下面過夜的權利。這種自由對於以階級論爲基礎的左翼文壇言顯然是一種「僞自由」。左翼文學重視文學的階級性，其最終目的也是希圖通過階級鬥爭消滅不合理的階級制度以獲取更多人的自由，左翼因此更重視階級的力量，這一方面是由於他們認爲個人不能與社會分開，個人自由的解決需要借助整個社會的力量，另一方面也在於 1930 年代的左翼文壇認爲五四時期的「個人主義」、個性解放並不能實現眞正的社會解放，只有借助階級的共同力量才能夠眞正解決中國的問題。黃藥眠在《非個人主義的文學》（1928 年）中就說：「個人的自由究竟只是騙人的妄語」，「個人的痛苦並不是個人的問題，而只是社會的問題，這種求社會整個的解決的心，就蔚成爲現代人的社會的自覺。」「從前潛伏在社會底層的人類的意志，已經擡起頭來集合在一起，而爲左右社會的偉大的群眾力量。這種力量在偉大的破壞的進程中所沖激起來的情感的浪花，當然就是我們的集體化的文藝的新生命。」〔註 28〕可以說，左翼文學崇尙的是階級論，不僅是在作品中對階級鬥爭的描寫，更是要求作家必須需要具有一種階級意識，其本質是一種集體主義思想。這與胡適、梁實秋強調個人思想自由和文學的個人性形成極爲鮮明的對立。新月派將個體自由視作一切的根本，他們對文學個人性的重視更多承接了強調個性解放的五四新文學，而與重視階級性的左翼文壇走的是完全不同的道路，雙方在政治、文化立場上的差異也是由此而來，而文學觀念上的差異僅僅只是其中一角。

　　重新審視梁實秋與左翼的文學之爭，在差異中也有相通之處，絕非水火不容。然而，1930 年代的政治環境以及雙方在政治理念社會構想的差異決定了他們不可能平心靜氣地就文學論文學，文學承載著太多非文學的內容，不僅牽涉到個人思想基礎的不同，更是與當時政治大背景息息相關。其實，以魯迅的思想深刻、眼光敏銳，他絕不是看不到當時左翼文學的弊端，之前之後在論及左翼時都有涉及，甚至在人性與階級性這一核心問題上，他與梁實秋也不乏相通之處，之後兩人也有對對方觀點的部分承認。然而，一旦聯繫到當時雙方所處的政治環境及其歷史處境，他們在這場論爭中的是是非非，

〔註 28〕黃藥眠：《非個人主義的文學》，《流沙》1928 年第 1 期。

就遠非幾句魯迅刻薄或梁實秋陰險可概括之，也不是簡單地評判政治是否可以干預文學可以解決。歷史往往比後來者看到的更複雜，而人也無法逃脫歷史之籠。他們未能就這一問題更有效地深入探討，與其說是雙方理論素養或人格氣質上的缺憾造成，還不如說是歷史之失。

（原載《貴州社會科學》2012 年第 6 期）

應修人詩的牧歌風格

　　湖畔詩人應修人一生寫了一百餘首新詩。這些詩有些是說理言志的，給人以哲理的啓示；有些是抒寫社會不平的，表達了對剝削壓迫者的憎惡和對勞動人民的深厚同情。但數量最多，最能代表修人風格的，是那些以沖淡質樸的筆調寫出農村生活的恬靜安謐和歌頌愛情、讚美童趣的抒情篇章。五四時期是詩體大解放的時代，新詩的各種風格流派如春日的花朵，爭豔鬥奇。即使小小的「湖畔詩社」，各人的格調也同中有異，用朱自清的話說：「潘漠華氏最是淒苦，不勝掩抑之致；馮雪峰氏明快多了，笑中可也有淚；汪靜之氏一味天眞稚氣；應修人氏卻嫌味兒淡些。」﹝註1﹞應修入的詩的確嫌味兒淡了點，但也不妨說他是以「淡」取勝。他以沖淡的筆調寫出了悠揚的牧歌，以悅耳的歌聲唱出了愛和美的旋律。

　　　　　　　　　　一

　　應修人十四歲就到上海一家錢莊當學徒。他身處銅臭薰天的十里洋場，仍保持著一顆赤子之心，深深懷念著故土，懷念著家鄉的風物人情。在一首《自題小影》的舊詩中，他這樣寫道：「學商何如學農好，想共鄉人樂歲穰。」與鄉人共樂的理想溢於言表。年輕的詩人的確愛故鄉，也太單純了，因此他總是以游子之心美化故鄉的風物，寄託身處洋場的寂寞和愁苦。於是他筆下的農村生活幾乎都被塗上一層寧靜安謐的顏色，如春天的田野：「軟風吹著，／細霧罩著，／淺草托著，／碧流映著，／——春色已上了柳梢了。」(《新

﹝註1﹞　朱自清：《中國新文學大系·詩集導言》，上海良友出版公司1935年版，第4頁。

柳》）寫河塘：「河塘邊有些已綠綠了。／小草惺忪著睡眼，／迷迷地向我笑。」
（《綠綠了》）到處是春的顏色和綠的世界，更見有小石橋掩映其間：「咱們來，
／來橋上和曲簫。」（《梅雨後第一回曉遊的路上要荷、舜、彥們吹簫》）或者
有牧牛兒一雙「斜戴笠兒，／踞著身兒，／拋著鞭兒，拈著野花」，悠閒自得
地在長著綠草的河塘邊走，有趣地談論著（《村裏》）。這是一幅幅秀美的水彩
畫，很顯然修人是把田野風光詩化了。修人寫山水，常這樣帶有靜觀的性質，
是心無雜念的處子站在遠處看到的景色。

　　應修人眼中的田園山水是美的，而農家的生活更是清靜恬淡的。人們「繅
些蠶絲來，／自家織件自家的衣裳，／汲些山泉來，／自家煎一杯嫩茶自家
嘗。」（《山裏人家》）在古風樸樸的生活中，溫飽自足，安貧樂道，勤儉操勞，
心境十分平和。最以淡雅細緻的筆觸寫出農家生活安謐自樂的，要數《溫靜
的綠情》：

> 也是染著溫靜的綠情的，
> 那綠樹濃蔭裏流出來的鳥歌聲。
> 鳥兒樹裏曼吟，
> 鴨兒水塘邊徘徊，
> 狗兒在門口摸眼睛
> 小貓兒窗門口打瞌睡。
>
> 人呢？
> 還是去鋤早田了，
> 還是在炊早飯呢？
>
> 蒲花架上綠葉裏一閃一閃的，
> 原來是來偷露水吃的
> 紅紅的小蜻蜓！

這是一支令人陶醉的晨曲，寫的都是帶有幾分稚態的可愛的小東西。詩人用
富有才情的畫筆把這些小動物稚化、靈化，以它們的安然自得渲染出了一種
寧靜和諧的生活氣氛，寫的是物，表現的卻是人的富足和勤敏，農家的生活
是溫飽清靜的，農家的人情則更是淳厚古樸得感人。那裡有接到一個橘子，
連聲說「多謝，多謝！」的搖櫓老嫗（《送橘子》）；有像媽媽一樣對我微笑的

田間少婦（《田裏的》）；還有淘氣的小弟弟向姊姊手裏奪來木香花背著姐姐送給了鄰家的小夥伴。那裡沒有勾心鬥角，爾虞我詐，而是愛己及人，助人為樂，一橘子，一香木，就溝通了人們的心靈，到處洋溢著帶泥土味的情感，大有世外桃源的風味。因此，生活於其中的人都是富有情趣的，如《晚上》：

　　　　藤葉掛門前，／秋水塘邊。／削草歸來息也沒息過，／就奪了
　　囡囡去，／去到樹下坐。
　　　　鮮豆兒滿碗。／竹筷兒兩雙。／扯下頭布兒撢撢灰，／且不先
　　叫他嘗，／趁他抱在懷裏時，／親幸囡囡嘴。

　　這裡的景色是美的，人物的感情世界是豐富的。他們的親子之愛和小夫妻的篤厚情誼通過這一打鬧遊戲的小小場面，表現得淋漓感人。

　　可以看出，應修人這些田園詩寫的與其說是現實中的宗法制農村，不如說是他理想中的桃源仙境。他很少寫封建剝削對農民的損害，也沒有寫資本主義侵蝕後農村的破產。他選取的鏡頭往往是寧靜的環境、溫飽自樂的人物。他好像有意不讓敗破的景象和階級的對立出現在筆下，即使早期有幾首詩點到貧富不均，（如《伯》）或表示對寄生者的蔑視，（如《暴風去後》）但他很快就朝著理想境界漾開笑臉，一味地用純真的想像把農家生活美化、詩化。

二

　　應修人在田園生活中一味地追求著詩，又在少男少女的心靈裏專心地尋找美。少男少女是應修人著墨最多的人物，有不少還是他自己的寫照。他們或在江邊玩耍，或在綠影中沉思，或與草木細語，或與同伴打鬧，但都是天真爛漫、童心未鑿，與大自然融洽無隙的。甚至一派田園風光也多是童心尚存的少年眼中的景色，不帶一點俗氣。

　　修人讚美少年天真的童趣。《送橘子》寫一個兒童可愛的稚態：「我送一個橘子給撐篙的小弟弟；／他笑著擲到艙下，又笑著從艙裏取起來，／笑著剝著吃了。」一擲一取，一個頑皮有趣的身影躍然眼前。《柳》寫稚氣未脫的「我」與「柳妹妹」悄悄的對語，表達了對自然美的嚮往。《懊惱》似乎是哲理詩，包含著美經不起折騰的理念，但詩寫得清新跳脫：「我」在搖落露珠之後，覺得它們給河邊的綠草藏去了，「我想問綠草討幾顆來，／綠草只埋著頭不睬。」「我問鞋兒，／鞋兒板著臉向我呆望。」主人公的深思化為稚態十足的尋覓。最以灑脫的筆墨寫出少年情趣的要數《在江邊小坐》：

淺灘上有些疏疏落落的小草，
剛迎得浪來
又翻身送了浪去。
他們還顧盼自喜地笑，
但我看來未免太忙了！

小小的蟹兒
三三兩兩地在泥洞邊遊戲，
嘴上底沫兒晶晶地映在太陽光裏。
小小的蟹兒呵！
你們天天在這裡遊戲嗎？

……
我笑那些小草，
也要給那些小草笑了。
但波兒底活潑，
蟹兒底靜逸，
能給我帶些回去嗎？

　　淺灘上的小草在波浪撫摸下前仰後合，顧盼自笑，這是寫實，又是修人自己與大自然息息相通的「孩子氣」的感受。他覺得小草太忙了，泄露了他愛好嫻靜的心靈；他羨慕波兒的活潑和蟹兒的靜逸，恰恰反襯出他陷於塵世的苦惱，所以他笑小草，反要被小草笑了。充滿全篇的還是少年天眞的遐想和對自由的渴望，略帶憂鬱，卻稚氣動人。可以看出少年情趣的還有些贈友之作，如《第一夜》、《別後》。寫的是湖畔詩人的友誼，可在修人筆下，他們一個個都成了十分淘氣的孩子。

　　應修人讚美少女的詩篇也寫得情眞意美。《看花去》寫一少女坐在竹椅上「編織著甚麼好東西」，周圍的景色像是爲她設的：桃林繞塘，腳邊苜蓿，攔腰有荬花黃，景美人也美。《親眷家裏》寫一個小姑娘拗來許多花要「我」編花環，把小姑娘的純眞和童趣寫得歷歷在目。以少女作爲描寫對象，過去有肉麻庸俗之作，可應修人是以純潔、靜觀的審美態度來觀察和描寫的，不帶一點邪念。在《妹妹你是水》一詩中，他把少女比做水，那水是清澈率眞的，

又是溫暖含蓄的，更像荷塘裏的水，純淨飄香，引人流連忘返。這形象地寫出了他對少女的態度，表達了對長期受人歧視的女性的由衷的敬重和讚美。

可是修人筆下的少女，有時也是狡巧的，會把人捉弄得好苦。《負情》一詩寫的就是被少女捉弄的煩惱：「淡月的小庭裏，／教我隱了，／明燈的玻窗裏，陪伊坐了。／靜靜裏流來，幾朵嬌笑幾枝話，／閒閒地映出，少女倆細斟茶：／美景和美情，／融成了水樣的畫。」這裡的景物全染上了少年的感情，景色的美和少女的嬌烘托出少年心中的煩，所以他心裏不禁要責怪一句：「狡巧的小媒人！／你也是女兒身。／也不先問一問伊還是肯不肯。」可是這樣的捉弄是富有情趣的，只會增添少女的純眞與嬌羞。

不用說，修人寫少男少女有時僅爲了表達某種題旨，但這些人物稚拙的舉動和純眞的遐思卻往往極富淡遠含蓄的詩意，比隱藏在背後的題旨更耐人尋味。

應修人的富有牧歌風味的詩還應包括那些情詩，他的情詩抒寫的是處子的純眞感情，恪調委婉含蓄。《妹妹你是水》、《負情》等寫的是少女的美，寄寓的是青年人純潔的戀情。《那時候》寫青年的羞澀：「喉嚨裏喧嚷著／『我愛你！』卻沒有勇氣嘴裏跳出」，《偷寄》寫青年追求愛的朦朧的情趣：「行行是情流，／字字心，／偷寄給西鄰。不管嬌羞緊，／不管沒回音，／——只要伊讀一讀我的信。」寫得最出色的則是《小學時的姊姊》。這首長詩標誌著修人青年時期情愛的覺醒，情調完全是青年人的：「我」小時在姨媽家讀書，與小表姐兩小無猜，但四年後重逢，已是小表姐出嫁之日，「我」只能借回憶來寄託自己的情思。在詩人的筆下，小表姐婉靜柔美如像曉風輕拂下的三月嫩黃柳，璀璨明慧得如輕映在溪水上的明亮的朝霞。那記憶深處的一件件童年趣事，如放學歸來跟小姐姐學繡花，菜園裏竈火前教小姐姐讀書等，都蒙上了憂鬱的詩意，蕩漾著「我」失戀的痛苦與懷舊的情緒。詩人並沒有把矛頭指向封建的婚姻制度，因爲詩中所寫的兩家父母都慈祥可親，也不見別的勢力橫加干涉。「我」悔恨的是「那時的英雄想頭誤了我」，爲了謀生離開了小姐姐，又恨自己膽小怕羞，白白地錯過了好機會。但長詩通過銘心刻骨的悔恨表達的那種愛情高於功名的思想，那種純樸率眞的情懷，那種對於女性的尊重，顯然包含著反封建的民主理想，體現了五四時代精神。所以它同樣具有很強的扣擊青年心扉的情感力量。這首長詩雖寫憂憤，但純眞優美，仍不失是一曲讚美純情的牧歌。

三

1924 年前後，應修人受到日漸高漲的革命形勢的影響，思想有了明顯變化，從身處污泥而閉目空想的狀態中解脫出來，更多地看取了眞實的人生，終於成長爲一個堅定的革命者。從此，他的詩歌也一變纏綿恬淡的格調，唱出了沉重激昂的旋律。但這類詩數量很少，不足以代表他的風格。

應修人的風格是質樸沖淡，洋溢著牧歌氣息，對此他是有意爲之的。在一首題爲《村野的》詩中，他這樣寫道：「淡淡的，／淡淡的，／淡抹淡裝裏，／最能顯出美來。……村野的，／才是眞的美；／毫不假飾的才是我所最愛的。」道出了他崇尙沖淡和質樸的審美觀。修人對這種美學風格的追求又是十分執著的。他不是沒有看見現實的污濁，但他反對在詩裏加以表現，他說：「要看醜惡何處找不到，要巴巴地到文學上尋覓，似乎太爲兩支腳省力了。」〔註2〕又說「詩似乎比小說要更清潔些。」〔註3〕因此他寧可迴避觀實中的醜惡，也要在詩的王國中表現寧靜和諧的美，即使偶有失意之作，如《小學時的姊姊》，其濃愁淡恨也終將化爲漂灑的煙霧，只留下一個「美」字。

爲了表現村野之美，應修人除了在選材上花了一番取捨功夫之外，還從古典詞曲和民歌俗謠中吸取了豐富的營養。在 20 年代初新詩日漸歐化、散文化的情況下，應修人是比較早地注意到新詩應具有「詩音」和「詩味」的有識之士，而要「顧到聽的愉悅」，在他看來，「舊體詩裏鏗鏘的美，似乎也有幾分採取的價值」。〔註4〕這些關於詩的美學見解付諸創作，就使他的詩具有詞和民歌的音樂性和節奏感。他的絕大多數新詩都寫得舒展徐緩，如「藤葉掛門前／秋水塘邊。」（《晚上》），「籬外河塘／籬內草徑斜。／邊談邊紡瓜棚下，／一家一紡車。」（《初遊草佳村》），讀來朗朗上口，又明白曉暢，很容易使讀者進入樸素、恬淡的意境。

借鑒古典詞和民歌又使應修人的新詩具有生動活潑的形象美。如：《嗔》是用類似電影手法攝取的兩個別致的鏡頭，其第一節是這樣寫的：「拋下花籃兒笑著去了。／去？／你去；／你儘管去！／看我要採不著花兒了！／看我要提著空的花籃兒歸來了！」題爲《嗔》，可知寫的是嬌嗔，但它妙在用跳躍性的句式，把對話、自白和敘述組接起來表現動作，短短幾句就把兩個少年

〔註2〕 《應修人致周作人書簡》，《修人集》，浙江人民出版社 1982 年版，第 266 頁。
〔註3〕 《應修人致漢華、雪峰、靜之書簡》，《修人集》，浙江人民出版社 1982 年版，第 208 頁。
〔註4〕 《應修人致周作人書簡》，《修人集》，浙江人民出版社 1982 年版，第 266 頁。

嬉鬧賭氣的情態意趣活靈活現地表現出來。

　　應修人為什麼會在狂飆突進的五四時代，不去欣賞文學研究會的「血」與「淚」的文學〔註5〕，也不像郭沫若那樣唱出激越嘹亮的歌聲，而是尋幽燭微，傾向於淡泊自然呢？我以為，這除了他家境小康、年紀較輕，不易更深地體驗生活的艱辛之外，還有他的精神氣質和所受中外文化薰陶方面的原因。創作風格，可以說是文學家在思想和形式的密切融匯中按下自己的個性和精神獨特性的印記。應修人當時的個性和精神獨特性就是溫柔。據汪靜之說：「修人的性情是女性化的，很像一個姑娘，他愛把一切都女性化。」〔註6〕因此，應修人不可能表現出叱吒風雲的偉丈夫氣概，不可能像郭沫若那樣高唱起「男性的音調」。他的風格只能是質樸沖淡，輕柔自然。只有到他接受了革命洗禮，成為一個勇敢的戰士以後，才可能另發新聲。

　　至於他所受的中外文化的影響，首先是陶淵明。應修人在寄給馬孝安的一首《樹下》中，曾以「小淵明」自況：「對面蝴蝶兒拍拍手兒來，／笑今朝小淵明，／為桃花折了腰——了！」又在一首《工作之後》的舊詩中，自稱「陶詩一卷柳牆外，來聽新蟬第一聲。」可見他對於陶詩的喜愛程度和所受的影響。縱觀應修人的全部新詩，頗多寫景抒情的佳作，也的確深得陶詩「方宅十餘畝，草屋八九間」，「採菊東籬下，悠然見南山」那種淡泊自然的精神。但應修人與陶潛有一個根本區別：陶潛是在倦遊人生之後歸隱山林，於心曠神怡之間時見暮氣陣陣，應修人則是童心尚存，頗多天真的遐想，在生氣勃勃之中預示著未來的發展。其次，也不可否認應修人受了周作人的重要影響。《湖畔》時期，應修人對周氏推崇備至，書信往還頻繁，所談都是新詩藝術。他也經常請周氏修改詩作，有一部分作品還通過周氏之手發表。他又懇求過周氏批評《湖畔》，為他們的情詩辯護。這種創作上的密切關係，顯然是以共同的藝術趣味為基礎的，而周氏那種「極慕平淡自然的景地」（《雨天的書·序二》）的藝術態度，肯定也會反過來強化應修人恬淡的藝術個性。應修人所受外國作家的影響，當推泰戈爾。他在與「湖畔」詩人的通信中多次提到泰戈爾的名字，稱讚「太戈兒詩有幾句極佳」〔註7〕，並且認定泰戈爾因描摹童

〔註5〕　《應修人致漢華，雪峰、靜之書簡》四、十五，《致周作人書簡》五、七，《修人集》，浙江人民出版社 1982 年版。

〔註6〕　汪靜之：《修人致漢華、雪峰、靜之書簡注釋》，《修人集》，浙江人民出版社 1982 年版，第 241 頁，

〔註7〕　《應修人致漢華、雪峰、靜之書簡》，《修人集》，浙江人民出版社 1982 年版，第 218 頁。

心的眞切而「以『太狗兒』專美」〔註8〕。可見泰戈爾的影響使他在少男少女的心靈中進一步發現了童趣和稚美。他不少詩篇的格調和題旨也確實與泰戈爾的《新月》相近。

但是,「大凡一種外來的思想決不是無緣無故就能夠在一個人的心靈上發生影響的。外來的思想好比一粒種子,必須落在適宜的土壤上,才能夠生根發芽。」〔註9〕藝術上的師承,當然也是如此。陶淵明、周作人和泰戈爾本質上都是人本主義者(周作人墮落成漢奸,那是後來的事),所以他們歌頌自由,讚美自然。應修人受他們的影響,這塊「適宜的土壤」就是他的以人道主義爲核心的「博愛主義」。由於溫柔的氣質,單純的經歷,應修人早期博愛主義的思想是很明顯的。他在《傍徨》一詩中寫道:「田塍上受過蹂躪的青荄,/靜靜地睡著,/還是繞些遠路走呢,/還是踐伊而過呢?」這首缺乏詩味的小詩卻形象地表達了他同情被蹂躪者的態度。應修人從同情弱者又趨向愛一切人:「銜乳樣的歡愉每每從心裏噴出來,/每個人,/我深深地覺得可愛。」(《歡愉引》)「有趣的人生」有「拾不盡的滿地的愛啊!」(《獨遊》)因此,汪靜之曾十分中肯地指出:「修人是博愛主義者,他的博愛不限於人,是愛一切,是無所不愛,甚至愛到破鞋(破了的鞋子──引者注)。」〔註10〕這種以人道主義爲核心的博愛思想使應修人不願冷靜地觀察和體驗現實的苦難,而喜歡在理想的王國裏遊邀。於是,許多現實的社會關係經他「愛」的透鏡的折射,往往成了美而欠眞的影子:人們的冷漠和嘲笑在他眼裏反成了一種善意的表示,他爲此還要「再添些醺醺的情意去」,(《歡愉引》)人和人都生活在寧靜和諧的牧歌氣氛中,現實成了世外桃源。可是另一方面,幼雅純眞的博愛思想可以使他接近陶淵明、泰戈爾和周作人,正是在這種思想的基礎上,他才去欣賞陶詩的淡泊、泰戈爾的純眞和周作人的清淡。

從 30 年代初開始,左翼文藝批評界曾出現過重思想而忽視藝術的偏向,到 50 年代末社會上的「左」傾思潮相當嚴重地影響到文藝界,直至「文革」十年,極左的文藝批評統治了文壇,發展到以作品的庸俗化社會分析代替藝術評價的極端。也許正因爲「左」傾思想對文藝批評界的長期影響,很長一

〔註8〕 《應修人致漠華、雪峰、靜之書簡》,《修人集》,浙江人民出版社 1982 年版,第 206 頁。

〔註9〕 茅盾:《冰心論》,《茅盾論創作》,上海文藝出版社 1980 年版。

〔註10〕 汪靜之:《修人致漠華、雪峰、靜之書簡注釋》,《修人集》,浙江人民出版社 1982 年版,第 246 頁。

段時期來，對於應修人新詩的評論沒有充分深入。人們或者爲「聖人」避諱，覺得「博愛主義」「牧歌風味」與革命者不相協調，或者惋惜其風格的纖弱，覺得它不是時代的戰鼓和號角。但人是發展變化的，對於人生道路上的某一階段，我們只能用歷史唯物主義的眼光來分析，而對於風格流派，雖允許有個人的偏好，但作爲評論者則首先要充分肯定它們各自的獨特的美學價值，不宜因尚崇高而貶清柔。對此，還是聞一多先生說得好：「只要是個藝術家，以思想爲骨髓也可，以情感爲骨髓亦無不可；以沖淡爲風格也可以，以濃麗爲風格也無不可。」﹝註11﹞事實上，一種風格的長處和短處總是相輔相成的。應修人的詩歌雖然所反映的社會生活面狹小一些，甚至有點空幻，但它洋溢著青春活力和民主理想；其風格雖然清淡一點，但它別具一格，猶如一支悠揚的牧笛，回響在五四時期群星燦爛的夜空，久遠而含蓄。那青春和理想正是應修人後來走上革命道路的內在因素，那悠揚的笛聲，飛越過戰火紛飛的年代，給今天身處和平和藝術時代的讀者帶來了美的享受。

　　修人的牧歌是有價值的！

（原載《寧波師範學院學報》1986 年第 2 期）

﹝註11﹞轉引自《徐玉諾詩選》，河南人民出版社版，第 123 頁。

「湖畔」與「新月」情詩比較

　　朱自清說：「中國缺少情詩，有的只是『憶內』、『寄內』或曲喻隱指之作，坦率的告白戀愛者絕少，爲愛情而歌詠愛情的沒有。」〔註1〕這種情形到新文學運動初期發生了變化，胡適的《應該》，郭沫若的《Venus》，魯迅的《愛之神》，劉半農的《教我如何不想她》，俞平伯的《怨你》，劉大白的《郵吻》，康白情的《窗外》等，都是歌詠愛情之作，傳達出了文化變革的信息。但總的看，這些詩數量少，又缺少火辣辣的激情，而且被作者其它方面的成就所掩，因而影響有限。率先在愛情詩領域實現重大突破的是被稱爲「湖畔詩人」的潘漠華、馮雪峰、應修人、汪靜之，而把現代愛情詩的創作推向成熟的則是新月派詩人。如果說「湖畔」的情詩表現的是關於愛情的單純而美好的想像，那麼到新月派詩人，愛情就已經是一種細膩的體驗和熱切的告白了。這種變化反映了社會的進步，也標誌著現代青年的心理成熟。

一

　　與文學革命的先驅者相比，「湖畔」詩人的古典文學功底不深，又沒能直接從國外接受西方文化思潮的影響。修養和閱歷上的這點欠缺，限制了他們創作所能達到的深度。但是弱點有時也會轉化成優勢，他們較少受封建文化的毒害，沒有太多的思想包袱，所以反而能在時代春風吹拂下，比較迅速地打破傳統觀念的束縛，眞誠地表達關於愛情的浪漫想像，給詩壇吹進一縷清新的空氣。

〔註1〕　朱自清：《中國新文學大系·詩集導言》，上海良友公司1935年版。

　　康白情 1929 年在《草兒在前・四版重讀後記》中寫道：「七八年前，社會上男女風俗，大與今天不同。著者雖也曾爲主倡男女道德解放的先驅，而鑒於舊人物的擯斥，尤其是新青年的猜忌，竟不敢公開發表。」與這種保守的精神狀態相比，「湖畔」詩人的觀念開放多了。汪靜之的《禱告》：「我每夜臨睡時，向掛在帳上的《白蓮圖》說：白蓮姊姊呵！／當我夢中和我底愛人歡會時，／請你吐些清香薰向我倆吧。」他的《一步一回頭》：「我冒犯人們的指謫，／一步一回頭地瞟我意中人，／我怎樣地欣慰而膽寒呵。」應修人的《妹妹你是水》：「妹妹你是水——／你是清溪裏的水。／無愁地鎮日流，／率眞地長是笑，／自然地引我忘歸路了。」這些詩句都是青年人對愛情的坦率表白，其中並不缺少對女性美的大膽欣賞和愛的歡愉的感受。描寫愛情，以審美的態度調和靈肉關係，一點也不諱言渴望獲得愛情和想像得到愛情時的歡樂，這是「湖畔」詩人比前輩詩人勇敢、率直的地方。不僅如此，在這些青年詩人的筆下，連和尙也會按捺不住：「嬌豔的春色映進靈隱寺，／和尙們壓死了的愛情，／於今壓不住而沸騰了。／悔煞不該出家呵！」（汪靜之：《西湖雜詩・十一》）；似乎狗也懷了春，「有個人走到那裡，／它們向他點點頭，／仍舊看它們的月亮，／而且親親嘴搖搖耳朵，／他呆視了一會，說：『它們相戀著罷。』／他流流眼淚回去了」（馮雪峰：《三隻狗》）他們把愛情泛化的浪漫想像，在五四詩壇上是空前的。這表明，到了「湖畔」詩人那裡，封建主義的枷鎖已被打碎，人性獲得了解放，愛情的地位也得到了肯定。他們敢於把「非禮勿視、非禮勿聽」的封建教條拋在一邊，向「男女大防」的傳統道德挑戰，毫無顧忌地表達內心的激情，這是時代前進了的一個很好的證明。因爲只有當封建的枷鎖被徹底打碎時，人們「才敢『坦率的告白戀愛』，才敢堂而皇之、正大光明地寫出情詩，才敢毫無顧忌、理直氣壯地寫情詩」〔註 2〕。「湖畔」詩人的愛情詩也許不能說深邃，但它的好處也就在這率眞。馮文炳曾這樣稱讚道：「『湖畔』詩人，那時眞是可愛，字裏行間沒有一點習氣，這是極難得的。他們的幼稚便是純潔。」〔註 3〕胡適說汪靜之的詩「有時未免有些稚氣，然而稚氣究竟勝於暮氣；他的詩有時未免太露，然而太露究竟勝於晦澀。況且稚氣總是充滿著一種新鮮風味，往往有我們自命『老氣』的人萬想不到的新鮮風味」〔註 4〕。周作人也特地寫了《介紹小

〔註 2〕　汪靜之：《愛情詩集〈蕙的風〉的由來》，《文匯報》1984 年 5 月 14 日。
〔註 3〕　馮文炳：《談新詩・〈湖畔〉》，北平新民印書館 1944 年版。
〔註 4〕　胡適：《蕙的風・序》，上海亞東圖書館 1922 年版。

詩集〈湖畔〉》，稱「他們的詩是青年人的詩，許多事物映在他們的眼裏，往往結成新鮮的印象，我們過了三十歲的人所感受不到的新的感覺，在詩裏流露出來，這是我所時常注目的一點。」這些都在說明「湖畔」詩人的情詩充滿生氣，不僅拓寬了中國現代新詩的題材範圍，而且增添了新的精神，具有填補現代詩壇空白的意義。

　　「湖畔」情詩的現代性，主要體現在兩個方面：一是愛情至上的態度，二是對女性的尊重。現代意義上的愛情，是以其自身為目的的。它以其自身的魅力征服人心，排除了一切外在於愛情的因素，諸如功名利祿、門第高下的計較，更反對一切封建主義道德的束縛。「湖畔」詩人的愛情詩，幾乎全都貫徹了這種現代的愛情觀。如汪靜之的《伊底眼》：「伊底眼是溫暖的太陽，／不然，何以伊一望看我，／我受了凍的心就熱了呢！」充分展現了愛情的美麗和非理性的力量。他的《謝絕》則把愛情的魅力進一步提升，使之成為解除人間一切苦惱的良方：「她底情絲和我的，／織成快樂的帷幕一套，／把它當遮攔，／謝絕醜惡人間的苦惱。」應修人的長詩《小學時的姊姊》又別具一格：「我」小時在姨媽家寄讀，與小表姐兩小無猜。四年後重逢，已是小表姐出嫁之日，「我」只能借回憶來重溫舊情。詩中一件件童年的趣事，如放學歸來跟小表姐學繡花，菜園裏、燈火前教小表姐讀書等，都蒙上了一層憂鬱的詩意，蕩漾著「我」感情失落的痛苦。「我」悔的是「那時的英雄想頭誤了我」，為了謀生離開了小姐姐；又恨自己膽小怕羞，白白錯過了好機會。這種銘心刻骨的悔恨，包含著愛情高於功名的觀念，是充滿現代人的精神的，具有反封建的時代意義。

　　尊重女性，是與愛情至上的態度相輔相成的。真正的愛情，是男女雙方彼此靈肉一致的交融，而不是單純的性的遊戲，因而特別要求把女性當作對等的人來看待。「湖畔」詩人筆下的少女形象都嬌美動人，而且具有獨立的人格，沒有一點依附性。看得出他們是把少女當作美的尺度和道德的尺度來表現的，真正體現了男女平等的精神。由於社會上還普遍存在著歧視女性的現象，有時他們甚而以一種仰視的姿態來特別地強調男女人格上的平等權利：「我沒有崇拜，我沒有信仰，／但我拜服妍麗的你！／我把你當作神聖一樣，／求你允我向你歸依。」（汪靜之：《不能從命》）詩人聲稱甘願拜倒在意中人腳下，看似自我貶低，實乃具有道德自信的表現——從現代人的觀點看，愛情的奴隸與愛情的主人其實沒有兩樣，因而做她的奴隸又有何妨？這顯然是

對不把女人當人的傳統偏見的勇敢挑戰。汪靜之後來在回憶「湖畔」詩社時就強調了他們當時這種平等的意識，他說：「湖畔詩社的愛情詩和剝削階級的豔體詩不同；封建地主階級把情人視作奴婢，彼此之間是主奴關係，他們的詩是對情人的侮辱；資產階級把情人視同商品，彼此之間是買賣關係，他們的詩是對情人的玷污；湖畔詩人把情人看成對等的人，彼此之間是平等關係，詩裏只有對情人的尊重。湖畔詩人的愛情詩像民間情歌般樸實純真，沒有吸血鬼的糜爛生活裏醞釀出來的那種淫豔妖冶。」〔註5〕

由於個人經歷、氣質、修養的不同，「湖畔」詩人的詩風各有特點。朱自清在論及這種差異時說：「潘漠華氏最是淒苦，不勝掩抑之致；馮雪峰氏明快多了，笑中可也有淚；汪靜之氏一味天真稚氣；應修人氏卻嫌味兒淡些。」〔註6〕但就其處子情懷和天真的幻想而言，他們的詩風又是大體一致的。他們用純潔無邪的心去感知愛情的美好，展開幻想的翅膀飛翔於愛的王國。即使品味到了失戀的痛苦，那也是單純的少年富有詩意的一種人生體驗，發出的不會是絕望的詛咒，而是含淚的歌詠（只有潘漠華是個例外）。馮雪峰的《被拒絕者的墓歌》想像被拒絕者含恨死去，可是他癡心不改，要在墓上開放爛漫的花朵，把姑娘重新誘上：「等她姍姍地步眹擷花的時候，／花刺兒已把她底裙裳鈎住了。」這與其說是失戀者的哀歌，還不如說是天真少年對愛情的浪漫想像。汪靜之的《月夜》：「我那次關不住了，／就寫封愛的結晶的信給伊。／但我不敢寄去，怕被外人看見了；／不過由我的左眼寄給右眼看，／這右眼就代替伊了。」心中萌發了愛情，想偷偷地掩蓋起來，不被外人知道。詩人用了左眼給右眼寄信的比喻，這種孩子氣的語言顯示了天真，充滿了童稚之美。「湖畔」詩人的愛情詩，幾乎都具有這種單純可愛的品質。單純源自童心，朱自清說「湖畔」詩人「所歌詠的又祇是質直、單純的戀愛，而非纏綿、委曲的戀愛」〔註7〕，這的確道出了他們愛情詩的基本特點。

「湖畔」詩人的情詩一露面，就招來了守舊派的攻擊。最先發難的是胡夢華，他發表《讀了〈蕙的風〉以後》，指責《蕙的風》「滿紙『愛』呀，『戀』呀，『伊』呀，『接吻』呀」，「是有意的挑撥人們的肉欲」，「是獸性衝動之表現」，「是淫業的廣告」。面對這樣的誹謗，魯迅、周作人等立即著文予以回擊。

〔註5〕　汪靜之：《回憶湖畔詩社》，《詩刊》1979 年 7 月號。
〔註6〕　朱自清：《中國新文學大系‧詩集導言》，上海良友公司 1935 年版。
〔註7〕　朱自清：《蕙的風‧序》，上海亞東圖書館 1922 年版。

魯迅在 1922 年寫的《反對「含淚」的批評家》一文狠狠嘲諷胡夢華一類人的
偽善：「中國之所謂道德家的神經，自古以來，未免過敏而又過敏了，看見一
句『意中人』，便想到《金瓶梅》，看見一個『瞟』字，便即穿鑿到別的事情
上去。」周作人專門做了《情詩》一文，指出汪靜之的詩若從傳統的權威看
去，不但有不道德的嫌疑，而且確實是不道德的，「但這舊道德上的不道德，
正是情詩的精神」。他們爲《蕙的風》辯護，與周作人爲《沉淪》辯誣在性質
上相似，都是站在個性主義的人道主義立場上，基於自然人性的觀點，大力
肯定青年人追求愛情的正當權利，揭穿衛道者的虛偽嘴臉。綜觀文學革命的
發展，可以看到新舊勢力的鬥爭分別圍繞著語言問題和倫理問題來進行，而
倫理之爭主要集中在浪漫派作品上。關於《沉淪》的風波是這樣，圍繞《蕙
的風》的爭論也復如此。這是因爲浪漫派的小說和詩歌比一般作品更鮮明地
表達了作者的主觀性，而浪漫主義者的主觀精神具有最爲激進的反傳統性
質，他們我行我素，很容易落下個「不道德」的罵名。

二

　　「湖畔」的愛情詩畢竟是以天眞取勝，它還處在情詩發展的早期階段。
當「湖畔」詩人進入成熟期時，馮雪峰、應修人、潘漠華卻先後走上了別樣
的人生道路，作爲一個詩歌流派，「湖畔」也就不復存在。這像沈從文說的：
「幼稚的心靈，與青年人對於愛欲朦朧的意識，聯結成爲一片，《蕙的風》的
詩歌，如虹彩照耀於一短時期國內文壇，又如流星的光明，即刻消滅於時代
興味旋轉的輪下了。」〔註 8〕中國現代愛情詩的「成熟」，因此是由另一個新
詩流派——「新月」派的崛起而實現的。「新月」詩派比「湖畔」稍爲後起，
但創作成就和對新詩發展的影響卻是後來居上。這不僅是指它倡導了一場新
詩格律化運動，扭轉了新詩自初創以來日漸散文化的趨勢，而且也因爲它在
取得多方面成就的同時，把愛情詩的創作推向了一個新的階段。

　　「新月」詩人大多留學歐美，開始寫詩時年齡又略大於「湖畔」詩人，
因而他們詩的題材較爲開闊，不像「湖畔」詩人那樣專注於寫情詩。其中有
歌詠愛情之作，也不像「湖畔」派的那樣質樸天眞，而是在清純的主旋律上
加上了青年人特有的纏綿情調。如朱湘的《懇求》首章：「女郎呀，你還要含

〔註 8〕　沈從文：《論汪靜之的〈蕙的風〉》，《沈從文文集》第 11 卷，花城出版社 1984
　　　　年版，第 160 頁。

羞⋯⋯／好，你且含羞；／一旦我們也阻隔河流，／那時候，／要重逢你也無由！」朱湘後來在談到這首詩的產生時，曾說他當時正與一個男同學在小山上散步，舉頭望著楊柳梢頭的一勾新月，心裏忽然起了一種奇怪的感覺：「這身旁的伴侶如若是一個我所鍾愛的女子，這時的情境真要成爲十分清麗了！」〔註9〕幻想與鍾愛的姑娘意外相逢於月籠柳梢的晚上，姑娘驚喜然而含羞，「我」則發出了深情的抱怨，這種情調雖然清新，卻是十分纏綿的，那是熱戀中的青年特有的心態。在「新月」詩人中，感情最爲細膩纏綿的是徐志摩，他的情詩最能體現風流瀟灑、溫柔多情的浪漫風度。《雪花的快樂》，寫半空裏娟娟飛舞的雪花認準方向，消融進「她」的柔波似的心胸，媚而不俗。《沙揚娜拉》把日本少女嬌羞不勝涼風、脈脈含情的溫柔寫絕，勾起多少男兒的神往卻不會抱半點非分之想。這類詩讚美女性的妖嬈，從側面暗示相思之苦，卻又包含著對女性人格的尊重和愛情高於功名的觀念。

　　由於受現代文明的充分薰陶，「新月」詩人對愛情持有更爲自在的態度。許多時候，他們的愛情得到昇華，不是以佔有對方的感情爲目的，而是把它轉化爲美的永恒憧憬。徐志摩的《海韻》，一面是女郎執著於單純的信仰：「啊不，回家我不回，／我愛這晚風吹。」爲美而不顧性命；一面是難以避免的悲劇：「海潮吞沒了沙灘，／沙灘上再不見女郎。」詩人爲美在現世的消亡而悲哀，但在他的心裏，信仰依然單純：「海韻」──女郎──美的精靈──上帝的天使，那是永生的。朱湘的《棹歌》、《催妝曲》等，也莫不是渲染出輕鬆愉快的情調，描寫年輕人的歡愛，表現出詩人自己的優雅風度。這反映了「新月」詩人的西方文化的背景，但更重要的是表明，隨著思想啓蒙運動的深入，中國社會的風氣有所變化，文化領域裏的民主化程度有所提高。至少在「新月」詩人那裡，自由戀愛已經不是難以實現的夢想，因而它不再成爲詩人心中一個解不開的情結了。這使他們能夠超越以結婚爲目的的愛情，更多的是去追求一種青年人自由交往的境界。在這樣的情境中，青年人既有戀愛自由的權利，也避免了做愛情的犧牲品，就像陳夢家的《雁子》一詩所寫的：「從來不問她的歌／留在那片雲上？／只管唱過，只管飛揚，／黑的天，輕的翅膀。」也就是說，不在乎目的，只在乎展現人的自由本質的過程。這就瀟脫多了，也健康多了。

　　愛情詩的趨向成熟，另一個重要標誌是它在藝術上更加精美含蓄。「新

〔註9〕　朱湘：《文學閒談・詩的產生》，北新書局 1934 年版。

月」詩人寫愛情，很少採用「湖畔」派那種直率的方式，而是多用側筆，著意於營造一種富有詩意的氛圍，顯示出詩人屬於上流社會的典雅精緻的審美趣味。徐志摩的《沙揚娜拉》、《雪花的快樂》、《月下小景》等，莫不如此。他的一些正面描寫戀情、含著幾分情欲的詩，像《她是睡著了》、《我來揚子江邊買一把蓮蓬》，按說更近綢繆婉轉之度，但他善把情欲掩藏在香草粉蝶、蓮蓬沙鷗的意象裏，避免了庸俗的直白。從「湖畔」詩人質直的表白愛情，到「新月」詩人通過意象的經營，含蓄地表達戀愛的微妙心態，可以說是浪漫派詩歌在藝術上走向成熟的一個重要方面。

　　追求意境的美和意象的生動，其實還標誌著「新月」詩人在處理外來文化和民族文化的關係方面有了更為從容的心態。在新詩的初創時期，詩人一律向自由體詩看齊，竭力要擺脫古典詩詞格律的影響。稍後，「湖畔」詩人應修人開始注意吸收古典詞的韻律，但還存在不夠圓熟的缺陷。到「新月」詩派，這才在實現中西文化的融合方面取得了重要的進展。

　　「新月」詩人深受西方文學思潮的影響，可是人們往往忽視他們在更深的層次上與中國傳統文化的血脈聯繫。說得重一點，「新月」詩人取得的成就，在相當程度上是得益於他們自覺借鑒古代文化遺產的，尤其是借鑒古典詞的經驗。比如朱湘，他一面嘗試著各種西方的詩體（三疊令、四行、四環調、巴俚曲、英體和意體十四行詩），一面向中國古典詞學習。他說：「在舊詩中，詞是最講究音節的，所以我對於詞，頗下了一番體悟的功夫」〔註10〕。當然，他沒有被詞調縛住，而是根據內容表達的需要，確定一種有「節律」的「圖案」，各節沿用。這圖案常用長短句適當地搭配，使得語調輕重緩急交替，音韻疏密宏幽相間，打破了詞的固定形式，卻吸收了詞的韻律節奏的美。他的《採蓮曲》共五節，節與節完全對稱，每節間用二言、五言、七言句，靈活添加襯字「呀」，造成詞的節奏和民歌的風味。看得出，詩句中的音節由襯字而延長，產生了悠揚的樂感，給歡歌著蕩舟採蓮的少女平添了幾分嫵媚和優雅。接下來的二言句「日落，／微波」與「金絲閃動過小河」押韻，「左行，／右撐，／蓮舟上揚起歌聲」同例。這就宛若從《花間·河傳》的句式化出。溫庭蘊的《河傳·其一》有「江畔，相喚，曉妝鮮」，《採蓮曲》的句式與情調正與此相同。這不是說朱湘具體地參照了花間詞，而是為了表現少女的嬌嬈，追求典雅清麗的樂感，他不期然而然地汲取了婉約詞的精髓，把它復活

〔註10〕朱湘：《詩的產生》，收入《文學閒談》，北新書局 1934 年 8 月版。

在新詩裏了。

徐志摩聲稱，「從永樂以來我們家裏沒有寫過一行可供傳誦的詩句」，「在二十四歲以前，詩，不論新舊，於我是完全沒有相干。」〔註11〕又說他的性靈全是康橋給的，似乎與舊詩沒有一點關係，但他同樣受到中國古典詞、尤其是婉約詞的很深影響。他的「紅蕉爛死紫薇病／秋雨橫斜秋風緊／山前山後亂鳴泉／有人獨立悵空溟」〔註12〕，且不論詩的優劣，單看那種香豔的調子，豈非舊時風流才子氣的遺傳？尤其是他的審美趣味，也受到傳統文化的影響。他喜歡在月光下看雷峰靜極了的影子——「我見了那個，便不要性命。」即使在康橋鄉村，也是陶醉於「草青人遠，一流冷澗」。醉心於清麗的美，那怕它帶點頹廢；多情，卻又脫了俗氣，這是富有東方情調的，令人想起「楊柳岸，曉風殘月」的名句。他的情詩的好處，很大程度上也就在於能把這種東方情調用相應的優美音節——起源於純真詩感的波動性表達出來。因此，朱湘在《悼徐志摩》一詩中，稱徐是「『花間集』的後嗣」，方瑋德也說：「志摩是舊氣息很重而從事於新文學事業的一個人」，「他的作品也往往用舊的氣息（甚至外形）來從事他新的創造。他的新詩偏於注重形式，雖則這是他自己主張和受西洋詩的影響，但他對於舊詩氣息的脫不掉，也頗可窺見」〔註13〕。所謂「花間」味、「舊氣息」，其實已融化在音節的婉轉裏，更多的則表現為情調上的淡淡憂愁，滿含著醉人的溫柔。就詩所表達的情感的真切、深入、細膩而言，徐志摩要比朱湘高出一籌。

在「新月」的情詩中，因追求詩的音節優美和情感的委婉，不經意地借鑒婉約詞，絕非個別的現象。林徽因的《仍然》，陳夢家的《夜》，方瑋德的《幽子》、《海上的聲音》，方令孺的《詩一首》，都是委婉有致的佳作。這反映了五四高潮過去後文化激進主義逐漸削弱了勢頭，有一部分詩人在新的條件下對傳統文化重新作出評價，開始在創作實踐中比較自覺地吸收民族文化遺產中的精華，使之與西方文化的影響較好地結合起來。同時這也體現了藝術發展規律的作用：詩畢竟首先應該是詩，過分的散文化會導致詩自身特性的模糊，因而為了增強詩美，必須另闢蹊徑，其中就包括向民族古典詩詞學習。

〔註11〕 徐志摩：《猛虎集·序》，上海新月書店 1931 年版。
〔註12〕 徐志摩：《愛眉小札》，8 月 12 日、9 月 16 日日記。
〔註13〕 方瑋德：《志摩怎樣了》，《方瑋德文集》，上海時代圖書公司 1936 年版，第 115 頁。

「新月」詩人中，聞一多佔有特殊的地位。他的詩影響最大的是愛國詩，但情詩也很有成就，而且為數不少。在婚姻愛情方面，聞一多不乏浪漫的激情，可他的特點是當婚姻與愛情發生矛盾時，他受道德觀念的束縛，傾向於放棄愛情而向婚姻俯就。對此，他說：「從前都講我富於浪漫性，恐怕現在已開始浪漫生活了。唉，不要提了！……浪漫『性』我誠有的，浪漫『力』卻不是我有的。」〔註14〕這種矛盾的情感，在他愛情詩的代表作《紅豆》組詩中就有所反映。在這些詩中，詩人對舊式婚姻流露出不滿之意，但又忠於家庭，力求借去國離家之際對妻子的一份思念來培植起愛情的基礎。總的看，他是想認同現狀，表現出「浪漫『力』」不足的跡象。因而有學者認為，「《紅豆》的基調不是愛情而是哀情，它們是禮教制度犧牲品的自艾自憐。」〔註15〕

　　不過，青春的激情畢竟是難以完全壓抑的。聞一多也有理智的防線受到感情衝擊的時候，於是有了《相遇已成過去》和《奇跡》。《相遇已成過去》用英文寫成，聞一多自己沒有發表的打算，僅在給友人梁實秋的信中提及：「你問我的詩興、畫興如何，畫興不堪問，詩興，偶有，苦在沒有功夫執筆。倒是戲興很高，同你一樣。……前數星期作了一首英文詩，我可以抄給你看看。人非木石，孰能無情！」〔註16〕梁實秋推測說，「一多的這首英文詩，本事已不可考，想必是在演戲中有了什麼邂逅。」〔註17〕詩寫的是一段纏綿淒婉的戀情，詩人覺得這樣的戀愛發展下去終將釀成苦汁，倒不如「趁悲傷還未成章」就改變初衷，「在愛剛抽芽時就掐死苗頭」。看得出，詩人經歷了一場嚴重的情感危機，不是沒有愛，而是不敢愛，因而最終只得找了個「不受俗愛的污染」的藉口給自己一個無奈的安慰。《奇跡》這首詩，人們有不同的理解，梁實秋明確地說：「實際上是一多在這個時候在情感上吹起了一點漣漪，情形並不太嚴重，因為在情感剛生出一個蓓蕾的時候就把它掐死了。但是內心當

〔註14〕聞一多 1923 年 1 月 21 日致梁實秋信，《聞一多全集》第 12 卷，湖北人民出版社版，第 139 頁。

〔註15〕劉川鄂：《現代知識分子情感世界的切片解剖》，《湖北大學學報》1994 年第 5 期。

〔註16〕梁實秋：《談聞一多》，方仁念編《聞一多在美國》，華東師大出版社 1985 年版。

〔註17〕梁實秋：《談聞一多》，方仁念編《聞一多在美國》，華東師大出版社 1985 年版。

然有一番折騰，寫出來仍然是那樣迴腸蕩氣。」〔註18〕這首詩比《相逢已成過去》感情熾熱，那是一顆燃燒的心在期待著奇跡的降臨：「我是等你不及，等不及奇跡的來臨！」「可也不妨明說，只要你——／只要奇跡露一面，我就馬上放棄平凡」。然而他只是「等待」，然而「奇跡」沒有出現！

聞一多的這種矛盾情形，表明他有別於一般的浪漫主義者。確切地說，他是一個古典的浪漫派，浪漫的激情受到了理性的規範，很難自由地奔湧起來。他在新詩形式上追求格律體，同樣反映了這種古典的精神。古典的浪漫主義，加上新詩格律化的美學主張，意味著聞一多在新詩發展過程中代表了浪漫主義向古典主義過渡的趨勢。「新月」詩人或多或少都有向古典主義靠攏的跡象，聞一多只是其中較爲突出的一個罷了。向古典主義靠攏的一個結果，便是新詩在藝術上趨向精美的同時，軟化了此前浪漫派詩歌的徹底反傳統的態度。因此可以認爲，「新月」詩人的藝術實踐，開創了一個中西文化融合的新局面，標誌著中國現代情詩的趨向成熟。

（原載《忻州師範學院學報》2005 年第 6 期）

〔註18〕梁實秋：《談聞一多》，方仁念編《聞一多在美國》，華東師大出版社 1985 年版。

新月派詩與婉約派詞

　　在新詩領域打破舊詩格律，吸收西方詩歌的技巧手法，建立新的詩學，是五四時代的風尚。但像中國這樣一個歷史悠久的國家，文化的傳統是根深蒂固的。在中國，反傳統再激烈，也不可能完全割斷與傳統的血脈聯繫。一個很好的例子，便是新月詩派。新月詩派向來被認為是歐化傾向的代表，曾因此備受責難，可事實上它打出格律詩的旗號，在學習西方詩體韻法的同時，卻明顯地吸收了中國古典詞的養分。它的成功，相當程度上就在於不著痕跡地融化了詞的優點，從而使新詩植根於深厚的民族文化土壤中，使詩藝趨向成熟。新月派的經驗告訴我們，重要的是如何正確地對待和繼承傳統。

一、輕盈的節奏

　　自古以來，詩一般都與音樂有緣。新月詩派對於音樂性的強調，可謂鑒於新詩初創以後逐漸趨於散文化而損害了詩美的教訓，對於詩的這一基本特性的重新發現和回歸。這裡不是指聞一多的「三美」詩論。「三美」詩論雖可造成音的頓挫，但離音樂性所要求的旋律感還有距離。在新月詩派中，真正具有旋律感而近於可詠的是徐志摩的詩，尤其是朱湘的詩作。

　　朱湘的影響不及聞、徐，但他是新詩形式運動的健將。他從西方古典主義和浪漫主義詩歌中得到啟示，發覺「詩而無音樂，那簡直是花無香氣，美人無眼珠了」〔註1〕。於是，他嘗試各種西式詩體，如「四行」、「三行」、「三疊令」、「迴環調」、「巴俚曲」、英體和意體十四行等。但問題回到如何實現音

〔註1〕　朱湘：《中書集‧評聞一多的詩》，上海生活書店 1934 年版。

樂性時，他顯然又不能完全照搬西詩的韻律技法，而必須從漢語的特點出發，獨闢蹊徑，這就是向中國古典詞、尤其是婉約詞學習。

詩三百、楚辭、樂府，本來皆可被之絃管。現在雖不能得知當時歌詠的詳情，但推今及古，可以肯定，齊言詩的曲調不會複雜。也許這些詩經過文人之手，已表明了詩樂分離的趨向，若要協樂，有時反得加襯字或改爲雜言。如《十九首・生年不滿百》，《宋書・樂志》作《西門》，與原詩相異甚多，俞平伯認爲「易整爲散，而語氣故順」，意在順調而已〔註 2〕。詩樂分離後，詩律開始講究平仄押韻，但它的節奏顯然跟不上音樂的發展變化，因而一種新的文學式樣──詞便代詩而興。詞有齊言，如《浣溪沙》、《楊柳枝》等，可大多是長短句，平仄較寬，用語較爲通俗，這些都是爲了協樂的。音樂拉著詞走，逼它在字句上應合音樂的旋律而分高低、強弱、長短，詞的樂感於是就勝過古詩和律詩。及至詞調亡逸，文字上藉詞調而保留的旋律感，便成了詞的一個極爲重要的特性。

朱湘把音樂美視爲詩的根本，自覺地取法於詞。他說：「兩年來作了許多詩，特別注重的是音節；因爲在舊詩中，詞是最講究音節的，所以我對於詞，頗下了一番體悟的功夫。」〔註3〕當然，他沒有被詞調縛住，而是根據內容表達的需要，確定一種有「節律」的「圖案」，各節沿用。這圖案，常用長短句適當地搭配，使得語調輕重緩急交替，音韻疏密宏幽相間，打破了詞的固定形式，卻吸收了詞的韻律節奏的美。如《採蓮曲》，各節完全對稱，每節間用二言、五言、七言句，其中首節：「小船呀輕飄，／楊柳呀風裏顛搖，／荷葉呀翠蓋，／荷花呀人樣妖嬈。」句中的音節由襯字「呀」而延長，產生悠揚的樂感，給歡歌蕩舟的少女平添了幾分嫵媚和優雅。緊接的二言句「日落，／微波」與「金絲閃動過小河」押韻，這雖然有民歌風味，但也宛若從《花間・河傳》的句式化出。溫庭筠《河傳・其一》有「江畔，相喚，曉妝鮮」，寫盡江南採蓮少女的天眞爛漫，朱湘的句式正與此相近。朱湘這類極富民歌風和詞味的詩，還有《棹歌》、《搖籃曲》、《婚歌》等。據羅念生、蘇雪林等人的回憶，朱湘曾於晚會上誦詠《搖籃曲》，「其音節溫柔飄忽，有說不出的甜美與和諧，你的靈魂在那彈簧似的音調上輕輕簸著擺著，也恍恍惚惚要飛

〔註 2〕 俞平伯：《詩的歌與詠》，《論詩詞曲雜著》，上海古籍出版社 1983 年版，第 150 頁。

〔註 3〕 朱湘：《文學閒談・詩的產生》，上海北新書局 1934 年版。

入夢鄉了。」〔註4〕可見其音節的魅力。

　　中國的律詩一韻到底，而詞的韻法稍寬，可以轉韻，如《菩薩蠻》的平仄四換韻。朱湘自覺利用了詞的這種優點。《婚歌》首章：「讓喜幛懸滿一堂，／映照燭的光；／讓紅氈鋪滿地上；／讓鑼鼓鏗鏘。／低吹簫，／慢拍鐃，／讓樂聲響徹通宵。」他說，「起首用『堂』的寬宏韻，結尾用『簫』的幽遠韻，便是想用音韻來表現出拜堂時熱鬧的鑼鼓聲撤帳後輕悄的簫管聲，以及拜堂時情調的緊張，撤帳後情調的溫柔。」〔註5〕他在《文學閒談》中又以《懇求》一詩爲例，說仄韻表現求愛時緊促的情調，平韻表現和緩的情調，「暗示出懇求後得不到答應的那時候心緒的降墮」。他的朋友說這是詩人的錯覺，認爲平仄的差別原沒有大到足可以表現兩種不同的情調，其實不然。韻的平仄幽宏只是爲表現感情的細微變化提供了可能，它的作用則要通過適當的歌詠才能顯示出來。寬宏韻利於高歌，幽遠韻可以斂聲，仄韻緊促，平韻舒緩。詠者處理得當，就可以借助音調的變化把微妙的感情充分地傳達出來。這說明朱湘的用韻原是仜歌詠的方式上強化了它的表情功能的，讀者須仔細體味才能覺得它的妙處。

　　詞的用語有自己的特點。溫飛卿《菩薩蠻·其二》有名句「江上柳如煙，雁飛殘月天」。俞平伯說「此兩句固妙，若以入詩，雖平仄句法悉合五言，卻病甜弱。參透此中消息，則知詩詞素質上之區分。」〔註6〕詩貴在有骨力，詞一般妙在溫婉。這顯然與詞興起於歌臺舞榭和出自風流才子的手筆很有關係。詞雖然後來另闢豪放一路，婉約詞也有比較清麗質樸的，但「花間」的影響非常深遠。飛卿之濃密，端己之疏淡，多少可以從晏殊、柳永、秦觀、周邦彥等一批詞人身上見出。朱湘的遣詞造句，也有這一路詞人的影響。如句式：「對長空」、「鳥憑風」（《棹歌》）是婉約詞的風格；語詞：「翠蓋」、「新羅」（《採蓮曲》），「月鈎」、「新黛」（《催妝曲》），「草妹」、「月姊」（《小河》），味之甜膩，尤與「花間」相近。沈從文說朱湘「欲求『親切』，不免『細碎』」〔註7〕，這缺點是存在的。

〔註4〕　蘇雪林：《論朱湘的詩》，孫玉石編《朱湘》，人民文學出版社 1985 年版，第265 頁。

〔註5〕　轉引自羅念生等著的《二羅一柳憶朱湘》，三聯書店 1985 年 4 月版，第 71～頁。

〔註6〕　俞平伯：《詩詞偶得》，《論詩詞曲雜著》，上海古籍出版社 1983 年版，第 504頁。

〔註7〕　沈從文：《論朱湘的詩》，《沈從文文集》第 11 卷，花城出版社 1984 年版，第

　　徐志摩也很注重新詩的音樂性。只是他不太拘泥於字句的整齊，要的是「起源於純眞的詩感」的「音樂的波動性」〔註8〕。他的詩音節勻稱，有一種流動的美，一般認爲是受英國浪漫派詩的影響，然而其中同樣有婉約詞的成分。朱湘在《悼徐志摩》一詩中，就稱他爲「『花間集』的後嗣」。方瑋德也說：「志摩是舊氣息很重而從事於新文學事業的一個人」，「他的作品也往往用舊的氣息（甚至外形）來從事他新的創造。他的新詩偏於注重形式，雖則這是他自己的主張和受西洋詩的影響，但他對於舊詩氣息的脫不掉，也頗可窺見」〔註9〕。

　　在新月詩派中，從理論上闡發新詩的格律問題，被徐志摩稱爲出力堪與聞一多相比的，是饒孟侃。饒孟侃認爲舊詩把「音節的可能縮小在平仄的範圍以內」，而新詩，「卻沒有被平仄的範圍所限制，而且還有用舊詩和詞曲裏的音節同時不爲平仄的範圍所限制的可能。」〔註10〕因而他主張除了學習西洋詩，還應該突破舊詩詞的平仄而吸收它的音節。他的詩不及朱湘的受詞影響顯著，但詩形對稱，音節流轉，可以看出也有詞調的成分。新月詩人中借鑒詞的音律而在藝術上有所成就的絕非個別現象，如林徽音的《笑》、《仍然》，方瑋德的《幽子》、《海上的聲音》，方令儒《詩一首》，陳夢家《搖船夜歌》，楊子惠《她》等等，都不是豆腐乾體，而是以委婉有致的旋律取勝。所不同的是，各人相體裁衣，選擇了適合自己詩情特點的具體形式。

二、溫柔的情調

　　新月詩人的作品不僅在音節上近於婉約詞，而且在情調上也與婉約詞多有神會之處。朱湘生就一副跳水自殺的乖戾脾氣，可他的詩卻大多寫細雨柳色，斜陽淡月，一味地追求單純晶瑩的美。有時看似惆悵，實乃年輕人無由的憂傷。如《葬我》：「葬我在荷花池內，／耳邊有水蚓拖聲，／在綠荷葉的燈上，／螢燭時暗時明。」如此浪漫的葬法，好比賈寶玉的希望死在紅粉知

　　　116～17 頁。

〔註 8〕　徐志摩：《詩刊放假》，《徐志摩散文全編》，浙江文藝出版社 1991 年版，第 538
　　　頁。

〔註 9〕　方瑋德：《志摩怎樣了》，《瑋德詩文集》，上海時代圖書公司 1936 年版，第 115
　　　頁。

〔註10〕　饒孟侃：《再論新詩的音節》，《饒孟侃詩文集》，四川大學出版社 1996 年版，
　　　第 176 頁。

己懷裏，分明是強說愁，但不掩其天真本色。這種情調，實際上反映了五四時期入世未深、充滿幻想的青年的心態，也是「東方一隻小鳥」（朱湘《南歸》）所唱的夜曲。它有飛卿的委婉，沒有飛卿的豔俗；有韋莊的淡雅，缺少韋莊的哀傷；有柳永的纏綿，沒有柳永的頹唐；有李後主及易安的自然流暢，卻不含他們的沉痛和憂鬱。朱湘的詩與婉約詞有著風格上和精神上的某種聯繫，卻又是屬於時代的。不過，沒有憂鬱和頹唐，優點是美，缺點在淺。缺少銘心刻骨的愛和恨，不足以震憾人心，所以朱湘的詩是寂寞的。

　　徐志摩則癡得多了，癡到要把「柔軟的心窩緊抵著薔薇的花刺，口裏不住的唱著星月的光輝與人類的希望非到他的心血滴出來把白花染成大紅他不住口」〔註11〕。徐志摩的「花間味」、「舊氣息」，除了融化在音節的婉轉裏，更多的則表現為情調上的淡淡憂愁，滿含著醉人的溫柔。就詩所表現的感情的真切細膩而言，徐志摩顯然要比朱湘高出一籌。

　　徐志摩聲稱，「從永樂以來我們家裏沒有寫過一行可供傳誦的詩句」，「在二十四歲以前，詩，不論新舊，於我是完全沒有相干。」〔註12〕但他口占「海外纏綿香夢境，銷魂今日竟燕京」；又作「紅蕉爛死紫薇病／秋雨橫斜秋風緊／山前山後亂鳴泉／有人獨立悵空冥」〔註13〕。且不論其詩的優劣，只看那種香豔哀憐的調子，豈非舊時風流才子氣的遺傳？他的散文濃得化不開，情書甜得發膩，其實也是這種才子習氣的流露。然而他的天性中也有愛靜的一面，喜歡看月光下雷峰靜極了的影子。即使在康橋鄉村，他也是陶醉於「草青人遠，一流冷澗」。醉心於清麗的美，那怕它帶點頹廢；多情，卻又脫了俗氣，這是富有東方情調的，令人想起「楊柳岸，曉風殘月」的名句。徐志摩詩的好處，就在於能把這種東方情調用相應的優美音節表達出來。

　　《雪花的快樂》媚而不俗，處子情懷。《沙揚娜拉》把少女的溫柔寫絕，又不致勾起男兒的半點非份之想。這都是基於對女性人格的尊重和愛情高於名利的觀念，與「花間」詞人的多寫閨情閒愁、落魄才子的醉生夢死，趣味不同，是富有時代感的。但他欣賞女性的嫵媚，顯然又是從傳統文化，尤其是婉約詞的薰陶中培養起來的趣味。西洋女子帶有幾分惑人的野性，恐怕連徐志摩也不敢招惹。只有東方少女，才以內秀見美。徐志摩的女性美觀念受

〔註11〕徐志摩：《猛虎集‧序》，上海新月書店 1931 年版。
〔註12〕徐志摩：《猛虎集‧序》，上海新月書店 1931 年版。
〔註13〕徐志摩：《愛眉小箚》，8 月 12 日、9 月 16 日日記，《徐志摩散文全編》，浙江文藝出版社 1991 年版，第 677 頁、707 頁。

哪種文化的影響，是不言而喻的。

婉約詞的鼻祖《花間集》，雖然已經包含了後來不同風格的萌芽，如憑弔古跡的有薛昭蘊《浣溪沙》，寫邊塞的有毛文錫《甘州遍》、孫光憲的《酒泉子》，還有寫民俗的，如歐陽炯、李珣的《南鄉子》，不可一概而論，但大多則是寫男女豔情、閨怨離恨，難洗羅綺香澤之態。後來婉約詞的題材有所拓展，體制由小令而長調，作風也有變化。但抒寫纏綿之情，調子委婉，卻是它一以貫之的特色。朱湘說徐志摩是「花間」後嗣，不外乎他為人癡情，喜歡寫戀情相思，帶點甜甜的女性味，與婉約詞的格調相近。不過，徐志摩詩的可取之處，是甜中含著清香。如《月下雷峰影片》：「深深的黑夜，依依的塔影，／團團的月彩，纖纖的波鱗──／假如你我蕩一支無遮的小艇，／假如你我創一個完全的夢境！」這詩著力渲染花前月下的情調，而抒發的情思卻是來自性靈深處，沾滿晶瑩的露珠。《再別康橋》一改歷來傷別的寫法，以瀟灑的別離來表達他對康橋的眷戀和感激，也有清新含蓄的佳處。那些正面寫戀情、含著幾分情欲的詩，像《她是睡著了》、《我來揚子江邊買一把蓮》，按說更近「花間」詞的綢繆婉轉之度，可他善把情欲掩蔽在香草粉蝶的意象裏，避免了庸俗的直白。《決斷》則要戀人衝破世俗偏見的藩籬，充滿反封建的精神。這說明，作為「花間」後嗣的他，接受了時代的洗禮，畢竟又跳出了「花間」詞的窠臼。

在新月詩人中，聞一多的《紅燭》有浪漫情調，形式還未成熟；到形式上有了自己風格的《死水》，詩情卻轉入豪放一路。可是就像歌「大江東去」的蘇東坡兼有「十年生死兩茫茫」的柔情，著「醉裏挑燈看劍」的辛稼軒要抒發「休去依危欄」的愁苦一樣，一身豪氣的聞一多也有兒女情長的時候。《死水》有雄渾沉鬱的詩，也有柔情似水的詩。悼亡曲《也許》：「也許你真是哭得太累，／也許，也許你要睡一睡，／那麼叫夜鷹不要咳嗽，／蛙不要噪，蝙蝠不要飛。」他不許陽光撥女兒的眼，不許清風刷上她的眉，滿腔的哀痛已昇華為對亡女的無限愛憐。這風格就有點像齊言的婉約詞。他的《魚陽曲》，明顯地吸收了曲的音節組合，饒孟侃認為它的節奏是從全詩的音節中流露出來的一種自然的節奏，與《死水》依著格調用相當的拍子組合的混成的節奏有別。〔註 14〕其實人心是一個神秘的宇宙，天賦的東西和各種文化的影響，錯綜複雜地決定著詩人的創作。因而，聞一多的格律理論與他新詩創作實踐

〔註14〕饒孟侃：《新詩的音節》，《饒孟侃詩文集》，四川大學出版社 1996 年版，第 171頁。

的不一致〔註15〕，他的詩風呈現多樣的色調，都是可以理解的。

三、潛移默化的影響

「五四」以後的幾年中，新詩人對待中外文化的態度有一個微妙的變化，即從早期的崇洋慕新、自覺反叛傳統，到後來開始理性地重新審視民族傳統，企圖在時代高度上綜合中國古典詩詞和西方詩歌的優點，來為新詩發展開闢一條新路。新月詩人的理論探索和創作實踐，就代表著這一歷史動向，並以他們的成就，把中西文學傳統的融合推向了一個新的階段。

新月詩人比五四先驅者稍為晚出幾年，受舊詩詞的薰陶沒有前一輩詩人那麼深，而且這時整個詩壇正面臨著從理論到實踐由整體性的破壞舊詩的格律到全面建設新詩的規範這樣一個轉折關頭，所以在處理中西文化的關係上，新月詩人就不像先驅者那樣激進。一個具體的表現，就是他們比較冷靜地意識到了開發古典詞的藝術資源對於建設新詩美學規範的重要意義。這原是在進化論的思想指導下對傳統價值的重新發現，是對傳統的批判性繼承和超越。換言之，新月詩人向民族傳統的某種程度上的回歸是以新詩業已奠定的基礎為出發點的，是為了追求典雅清麗的效果，不期然而然地汲取了婉約詞的精髓，把它復活在新詩的節奏和情調裏了。他們不是簡單地模仿和參照哪一家婉約詞，而是基於自己當下的情感傾向，受到從整個民族文化語境的長期薰陶中所培養起來的趣味的引導，自然而然地接近了婉約詞的方向。因此，這種借鑑具有綜合性和間接性的特點。綜合性，意味著借鑑是以婉約詞的總體風格為對象，從婉約詞的一般藝術特點上萃取可以用之於新詩創作的方法。所謂間接性，則是指這種借鑑事實上要經由詩人自身的情感體驗和審美意向的中介，這些情感體驗和審美意向既反映了詩人的個性氣質，同時也早已化入了古典的藝術精神，而不是簡單地與古典詞的哪一家發生直接的聯繫。其實，新月詩人當時的古典文學修養還沒有達到對某一家詞瞭如指掌的地步，更重要的是如果簡單地直接取法於古典詞的章法和格律，顯然為時代精神所不允。總之，可以認為，這是民族傳統對於新詩的一種潛移默化的影

〔註15〕聞一多的新詩格律理論，主要是受西詩的啟發，但也可以認為是在反方向上受到了中國古代律詩的影響，即他事實上是把律詩當作一個有待突破的參照系，從現代漢語的特點出發，通過「二字尺」和「三字尺」的交替、錯位搭配，使新詩獲得類似律詩的平仄黏對的節奏效果和整齊的詩形。這樣的節奏感，與詞曲中的旋律感還有距離。不過，聞一多自己也沒有始終貫徹這一詩歌創作理論。

響，所謂「花間集」、「舊氣息」，僅僅指是植根於民族文化土壤中的審美趣味和藝術格調的一種類型之生動的象徵罷了。這樣的影響和接受的關係，不僅反映了新時代的文化背景，而且實際上成了新文學吸收民族傳統文化資源的一種具有普遍性的模式。

具體的例子，仍然可以舉徐志摩。徐志摩早期的詩，在探索中受詞的影響還顯得較爲生硬。《草上的露珠兒》前後風格不一致，頭幾節句式長短錯落，跳行押韻，有詞的節律，又用「璠瑜」、「瓊珠」等詞中豔語；末幾節則句子較爲勻整，散文筆法，詞意淺露，缺少餘味。到《翡冷翠的一夜》，形式上結束了隨意嘗試的階段，開始自覺地在詩行有規律的參差中求得詩形的勻稱。這時，詞的影響就完全化進他自己的風格裏去了。你一般不好指認某首詩與古典詞的直接關係。或者說，他的詩所接受的影響，已經融合了西方古典、浪漫詩歌以及中國自《詩經》以來的詩歌傳統中一切他所喜歡的意味和有助於表現他情感、抒發其性靈的技巧。那是屬於文化對心靈的陶冶，他的詩歌風格，是心靈的詩化表現，也是這多種文化的綜合反映。可話雖這麼說，詞的影響，包括技巧，尤其是婉約詞的纏綿情調仍能夠從他的詩的章法裏、意境裏品味得出。

如《海韻》寫一個單身女郎在黃昏的海邊徘徊，狂風惡浪吞沒了她窈窕的身影。一面是執著於單純的信仰——「啊不；回家我不回，／我愛這晚風吹」，爲美而不顧性命；一面是難以避免的悲劇——「海潮吞沒了沙灘，／沙灘上再不見女郎。」詩人爲美在現世的消亡而悲哀，但在他的心裏，信仰依然單純：「海韻」——女郎——美的精靈——上帝的天使，那是永生的。僅看構思，詩分五節，每節表達一個感情層次，層層遞進，達到高潮後旋復歸於傷感的餘音裏。這方法，在《詩經》裏已可看到，要說借鑒了西洋詩的體裁也未嘗不可﹝註16﹞。但在《樂府雅詞》中有一種轉踏類的詞，是用幾首詞組合起來的敘事兼抒情的歌曲。如《九張機》，用同一詞調組成九首詞的聯章，合爲一篇完整的作品。每首寫一個感情層次，「一張機」、「二張機」直到「九張機」，隨著錦越織越多，次第展開織錦女從歡愉的初戀、熱切的相思至薄情離別的過程。這與《海韻》的構思是頗相似的。徐志摩未必研究過這類詞，但說它通過文化的中介，如後代詩人的類似章法，對徐志摩產生了影響，並

﹝註16﹞方瑋德：《再談志摩》，《瑋德詩文集》，上海時代圖書公司1936年版，第119頁。

非沒有道理。

新詩是對舊詩的一場革命。為求變，早期的新詩人一般以自己不脫舊詩詞的氣息為恥。也是著眼於變，後來的研究者多關注新詩與西方詩歌的關係，恰恰把新詩與它生於斯長於斯的本民族文化沃土的關係忽略了。世上的事物，往往對人性命攸關的，如空氣，平時人們反而因為習慣成自然而不經意它的存在。傳統文化之與新詩，也是如此。新詩再新，受歐風美雨的滋潤再多，也是中國文化土壤中長出來的新苗，它的成長是與這塊熱土的改良相輔相成的。新月詩人接受傳統文學的影響，婉約詞只是其中的一個方面，但正因此而成全了他們在新詩從自由體向格律體轉變的過程中，「使新詩與舊詩在某一意義上，成為一種『漸變』的聯續，而這形式卻不失其為新世紀詩歌的典型」〔註17〕。今天，寫詩不一定要講究音樂性，但音樂性無疑仍可以成為新詩的一個要素。從這一角度看，新月詩人向詞學習，加以創造性的轉化，這一份經驗就格外值得認真總結。

（原載《重慶三峽學院學報》2003 年第 6 期）

〔註17〕沈從文：《論朱湘的詩》，《沈從文文集》第 11 卷，花城出版社 1984 年版，第
121～22 頁。

徐訏、無名氏與新浪漫派小說

　　中國現代浪漫主義文學思潮在五四達到高峰後不久因隊伍分化而陷入低谷，但它在低潮中探索新的發展道路。到抗戰時期，由於民族矛盾上昇為國內的主要矛盾，左翼文藝界開始重新評估浪漫主義的地位和作用。這樣，本來處於左右兩大社會勢力夾縫中的浪漫主義思潮擁有了較大的迴旋空間；而在左翼方面率先放寬了文藝批評的標準後，面對國民黨當局的文化專制，包含個性主義精神的浪漫主義又獲得了反封建的意義。以此為背景，郭沫若於1936年4月接受蒲風的採訪時，重新肯定了浪漫主義，他40年代初的歷史劇創作則直接繼承和發展了他自己早年詩劇的浪漫主義風格。而這時以上海為中心，出現了徐訏、無名氏的新浪漫派小說，這標示著浪漫主義思潮的又一種新的發展路向。

　　在抗戰的特殊環境中，創作方法和文學思潮的政治色彩相對地淡化。徐訏和無名氏懷著寬鬆的文化心態，在文藝思想上超越此前不同創作方法、不同文學思潮的界限，兼取浪漫主義、現實主義、現代主義的成分，促進了多種文學思潮的相互影響和滲透。徐訏的基本文藝觀點是接近創造社的，他認為「創作的一刹那，他要把他所感的表達出來，本身就是一個目的。」「作家雖並不一定要有哲學思想，但也要靠豐富的感情與銳敏的感覺」[註1]。在《阿拉伯海的女神》中，他借人物之口說：「平常的謊語要說得像真，越像真越有人愛信，藝術的謊語要說得越假越好，越虛空才越有人愛信」，並且宣稱「我願意追求一切藝術上的空想，因為它的美是真實的」。不過，徐訏也受到了現

〔註1〕　徐訏：《回到個人主義與自由主義・自由主義與文藝的自由》，轉引自吳義勤《漂泊的都市之魂——徐訏論》，蘇州大學出版社1993年版，第198～00頁。

實主義思潮的影響，意識到生活對作家的重要性，因而他又認為「偉大作家的潛能不過是『生活』，是一組一組的生活，是直接的生活、間接的生活混合，是外在生活與內在生活的結合」〔註2〕。他文藝思想上的這種表面矛盾，其特異性在於他所理解的「生活」，原來主要是指被人體驗過、反省過、想像過的生活，因而他所「表現」的是真切的人生感受，是對現實生活的主觀化的「再現」，他「再現」的也是情感化、心靈化的東西。換言之，徐訏以他的詩人氣質，強調主觀的表現，在此基礎上融合現實主義的寫實手法，因此他所遵循的主要還是浪漫主義的路線。無名氏的情形有些類似，他在《海豔》中通過人物的口說，藝術「只要超現實就行。一切離現實越遠越好。現在，我只愛一點靈幻，一點輕鬆。這真是一種靈跡，一種北極光彩！」然而幻想也必須有一點生活的材料，所以他又在《海豔‧修正版自序》中寫道：「我走的不是流行的寫實主義道路，但任何小說只要多少有點故事情節，就得多少參考一點寫實小說藝術的手法。」〔註3〕他的特點，就在「參考一點寫實小說藝術的手法」來表達他的浪漫激情。

在浪漫主義的主調中兼容一些寫實的因素，落實到創作，就把浪漫主義的自我表現引向了情節的傳奇性。新浪漫派的「新」，即在於把浪漫主義的情感自由原則轉化為講述奇情、奇戀、奇遇，借助出奇的幻想達到精神自由的境界。徐訏和無名氏雖然創作了一些反映現實生活的小說，但在40年代作為新浪漫派小說而備受世人矚目的就是這種浪漫的傳奇。《鬼戀》，通篇鬼氣森森：「我」在月夜所邂逅的黑衣女郎自稱是鬼，此後一連數夜「我」與她相約在荒郊，從形而上談到形而下。待「我」按照暗記找到她的居所時，開門的老人卻說她在三年前已經染肺病死去。就這樣，「我」與鬼若即若離地相戀年餘，後來才得知她從前是最入世的人，做過秘密工作，暗殺敵人十八次，流亡國外數年，情侶被害，現在已經看穿人世，情願做「鬼」而不願做人了。但若說她無情，卻又有情——「我」生病數月，她暗中天天送花，到「我」病癒後才飄然離去。徐訏的許多作品和無名氏的《北極風情畫》等小說，都是這種撲朔迷離的傳奇故事，出人意料又合乎情理，宛若目前又美得虛幻，恰好在似真似幻之間。不過，這類作品既超越了五四浪漫主義的自我表現，把描寫的重點從自我的內面世界移向獨立於「我」的現實生活，同時又不同

〔註2〕 徐訏：《場邊文學‧作家的生活與潛能》，轉引自吳義勤《漂泊的都市之魂——徐訏論》，蘇州大學出版社1993年版，第202頁。
〔註3〕 無名氏：《海豔》，花城出版社1995年版。

於一般的現實主義小說，因為在這些作品中，「生活」基本上僅僅是作家幻想的產物。游離於現實生活的幻想，更多地是與作家的主觀心願相關的，這又使新浪漫派小說保持了與自我表現的五四浪漫主義的精神聯繫，同時也使這些作家醉心於浪漫的想像中，卻與抗戰時期血與火的鬥爭有了些隔膜──他們的作品是較少正面反映抗戰題材的。

徐訏後來曾說：「抗戰軍興，學未競而回國，舞筆上陣，在抗敵與反奸上覺得也是國民的義務。」〔註4〕不過他的「舞筆上陣」與一般作家不同，他是以浪漫傳奇的風格來探索愛和人性的真諦。即使寫抗戰題材的《風蕭蕭》，其中涉及抗戰內容的間諜戰也僅僅作為一個背景，主要還是表現鐵血之中的愛情糾纏。為了追求作品的傳奇效果，他倒是在故事的言說方式上竭盡心計。在《風蕭蕭》中，他讓「我」抱著獨身主義的信仰，在白蘋、海倫和梅瀛子三個光彩奪目、個性各異的女子間周旋。隨著矛盾的展開，以舞女身份出現的白蘋被認為是日本間諜，美方諜報人員梅瀛子要「我」去白蘋那裡竊取日本軍部情報。「我」出於民族義憤欣然從命。經過一番曲折，雙方到了拔槍相向的地步，到頭來卻弄清楚白蘋原是重慶方面的間諜，於是雙方聯手對付日本特務。最後，白蘋為獲取情報而犧牲，梅瀛子為白蘋報了仇，「我」則在日軍的追捕之中婉拒了海倫的愛情，到大後方去從事「屬於戰爭的、民族的」工作。洋洋40萬言的小說，把言情和間諜戰揉在一起，設置了一連串的鬼打牆式的迷魂陣，使讀者跟著「我」如墜雲裏霧裏，到最後才解開謎團。不過，徐訏和無名氏運用最多的還是把敘述者與主人公分開的敘述模式：我「碰到了一個特行獨立的怪人，交往的過程中得知了他或她的故事，於是把這故事轉敘給讀者。「我」並沒有在故事中扮演實際的角色，只起到一個中介的作用，真正的敘述者是作品的主人公。徐訏的《幻覺》等小說就是採取這種敘述模式。這實際上便於作者利用「我」跟真正敘述者的距離產生的疑惑來大力渲染神秘的氣氛，製造懸念，強化讀者的閱讀興趣。無名氏的《北極風情畫》和《塔裏的女人》，把《幻覺》的結構加以放大，也是由「我」引出奇人奇行，讓真正的主人公向「我」訴說了一個令人哀絕的愛情悲劇，充滿了傳奇性。

徐訏、無名氏的小說，以浪漫傳奇的風格榮登40年代初暢銷書的榜首。這反映了在民族、民主革命的背景中，民眾的閱讀口味對文學發展產生了重要的影響。許多人身臨戰亂，備嘗流徙之苦，需要心靈的慰藉。新浪漫派小

〔註4〕　徐訏：《徐訏全集後記》，《吉布賽的誘惑》，華東師範大學出版社1994年版，
　　　　　第365頁。

說適逢其時，以輕靈的幻想、纏綿的愛情故事使他們享受到了片刻的歡愉，減輕了生存的壓力，獲得了精神的昇華。如果說，現代浪漫主義在五四時期呈現了反封建的狂放姿態，30年代轉向寧靜的田園牧歌，那麼到40年代就分散爲多種存在方式，其中新浪漫派小說的興起代表了浪漫主義思潮從知識精英的自我表現向廣大民眾的閱讀口味靠攏。它適應戰爭的環境，淡化了自我表現的色彩，增加了通俗化的成分，獲得了怡情和娛樂的功能。所謂「暢銷書」，就是以傳奇性爲中介，兼顧了知識分子和一般民眾雅俗兩方面的審美要求。

新浪漫派小說，不僅縮短了知識分子與普通民眾的距離，而且還溝通了中西文化的聯繫，爲中西文化的融合探索了一條新的途徑。

愛情是徐訏小說的一大主題。在他最富有浪漫色彩的愛情故事中，女性形象總是兼有東方女子的美麗外貌和西洋女子的平等意識。如《鬼戀》中的「鬼」楚楚動人，「有一副有光的美眼，一個純白少女的面龐」，而且知識淵博，談吐別致。《阿拉伯海的女神》裏的女巫，《吉卜賽的誘惑》裏的潘蕊和羅拉，《精神病患者的悲歌》裏的海蘭和白蒂，《荒謬的英法海峽》裏的培因斯，《風蕭蕭》中的白蘋、海倫、梅瀛子，莫不是美麗溫柔的仙子，同時又具有非凡的膽魄和出眾的才華。男主人公則多是才子、學者、作家，常常被幾個女子所包圍。男女一見鍾情，排除了任何利害得失的考慮，墜入愛河，上演了一段段奇遇。奇遇的背景是漂泊的旅途——「我」在阿拉伯海的輪船甲板上漫步，巧遇來無影去無蹤的「女神」（《阿拉伯海的女神》）；路過法國的馬賽，被丘比特射中了神箭（《吉布賽的誘惑》）；在上海街頭買一包煙，遇上冷豔逼人的「女鬼」（《鬼戀》）。一見鍾情的愛情，加上人在旅途的漂泊感，構成了徐訏小說浪漫性的基礎。看得出來，這種浪漫傳奇中的愛情觀是中西結合型的——既有中國人的希望陶醉於溫柔之鄉，又有西方人的把自由看得高於一切的精神追求。與此稍有不同的是，無名氏喜歡把西方愛情至上的觀念和騎士式的機敏辭令嫁接到中國傳統的悲歡離合的愛情故事中去，有時因刻意追求辭令的機巧，反而顯得做作，失去了自然的風韻。

既然是文化的交流，就難以避免相互的衝突。當兩種文化發生矛盾衝突時，徐訏的選擇卻是很獨特的。《吉布賽的誘惑》寫「世界第一美女中的第一美女」潘蕊從法國跟隨「我」回到中國，可是語言不通，文化隔閡，就好像把熱帶魚帶到了北極，她日漸憔悴，「我」只得和她重回馬賽。一到馬賽，潘

蕊當上了模特，如魚得水，容光煥發，然而「我」卻陷入了孤獨和妒忌。面對這兩難處境，他們最後與吉布賽人一起，到南美的大自然去，在藍天和白雲下找到了幸福和自由。這篇小說表明，在徐訏的眼中，中西文化各有特點，重要的是找到能夠超越彼此片面性、使人性得以健康發展的途徑。在浪漫的愛情題材中如此開掘人性復歸的主題，這不僅提高了徐訏小說的文化品位，而且以他所提出的解決文化衝突的辦法——回歸自然，加強了新浪漫派小說與傳統浪漫主義的精神聯繫。

不僅如此，新浪漫派小說關於未來社會的理想也融合了中西文化的因素。徐訏的《荒謬的英法海峽》，展現的是一幅世界大同的幻景：海盜所居住的化外之地，沒有階級，沒有官僚，沒有商品，沒有貨幣，食物按需分配，勞動是盡義務，每周休息三天，生活安逸富足；當首領的也只是被眾人推舉出來充任差使，隨時可以由別人接替。這既是西方人心目中的烏托邦，又是中國人眼裏的世外桃源和大同世界。他把這兩者連同相應的具有中西不同文化背景的幻想方式，巧妙地揉合在一起了。

抗戰時期，進步作家紛紛投身於抗日救亡的偉大事業，文學創作向著「通俗化」、「民族化」的方向發展。新浪漫派小說順應了這一潮流，增加了通俗化的成分，而又超越了這一潮流的保守性一面，保持了與世界文學的對話，這給當時的文學創作帶來了新鮮的作風。新浪漫派小說家這樣做，首先得益於時代所提供的機遇。在抗戰的背境中，全國各大區域相對隔絕，解放區、國統區各主要黨派又先後採取了統一戰線的立場，當局對文藝的統制因而不可能十分嚴密，這就擴大了作家文化選擇的自由和範圍，增加了整個社會對不同文學思潮的容受能力。當然，新浪漫派小說家融會中西文化所取得的成就，最終還與其本身的條件有關。徐訏曾留學法國，直接受到西方文化的薰陶，領略了西方生活的情調，無名氏也有接受西方文化影響的背景。他們擁有比較開闊的文化視野，廣博的知識，因此能撇開門戶之見，兼取中西之長，進行自由的創新。

值得注意的是，由於個人經歷和氣質上存在差異，作家的創作風格必定具有自己的獨特性。徐訏親眼目睹了父母婚姻的不幸，畢生追求的是理想化的愛情。在經歷了自身婚姻愛情的幾多曲折後，他筆下的理想愛情大多采取了夢幻的形式，而且止於精神戀愛的階段，又以夢醒後的幻滅而告終，給人留下幾多惆悵和遐思。《鬼戀》的「女鬼」事實上對「我」一往情深，可最

終杳然離去。《荒謬的英法海峽》，寫青年男女可以在露露節自由宣佈自己的情人。中國姑娘李羽寧突然宣佈與英俊的「盜首」史密斯結婚，原來對「我」懷著愛意的培因斯卻宣佈了她的同學彭點，個性深沉的魯茜斯出人意料地宣佈了「我」。正當「我」暈頭轉向時，猛然被人推醒，原來渡輪已橫過英法海峽靠了碼頭，有人催他出示護照，哪裏有史密斯、彭點、培因斯等人的影子，不過是在輪渡上做了一場好夢罷了。理想的愛情只存在於虛幻之中，或者只留下令人傷感的回憶，這從一個側面反映出徐訏對人世的失望和對愛情的浪漫想像。有趣的是作者對待這種愛情的態度。他既不諱言對異性美的欣賞，又竭力迴避性的問題。他說：「在戀愛上，絕對的精神戀愛可說是一種變態，但完全是肉欲的也是一種變態，前者是神的境界，後者是獸的境界。人介於二者之間，因此所謂性美，正是靈肉一致的一種欣賞與要求。」〔註5〕他的理想愛情顯然接近神的境界——男女雙方既像摯友又像戀人，只求精神上的交流和感情的溝通，不指向結婚成家等世俗性的目的。這原是爲了從距離上來體現精神之愛的浪漫美感。因爲對愛情來說，浪漫意味著一種夢幻，一種超越了世俗事務的不實在的關係，好像水中月、鏡中像，只有虛幻才能顯示出美麗。但也不可否認，作者已經意識到這是難的——因爲他不得不承認，男女之間的友誼不是前進到愛情，就是發展爲悲劇。《精神病患者的悲歌》就寫了一個這樣的悲劇。富家小姐白蒂渴望享受完整的愛情，當她發現女僕海蘭和充當精神病醫生的「我」互有愛意後，重又陷入自暴自棄的病態。海蘭爲了成全白蒂，在獻身於「我」後即自殺。這種無私偉大的精神淨化了生者的心靈，使之達到了宗教般虔誠的境界。最後，白蒂皈依上帝，進了修道院，「我」到精神病院服務，把靈魂奉獻給了人群。很明顯，要在愛情和友誼之間作出選擇時，作者傾向於止於友誼，竭力掩飾愛情，可掩飾本身似乎已經流露出他對愛情的害怕和渴望。這一矛盾正好暴露出徐訏自己以前在愛情上受過傷害而形成的心理定勢，難怪他處理這類題材時總免不了價值取向上的猶豫和動搖，一般都歸結到一個幻滅的結局。

　　無名氏寫愛情傳奇一開始與徐訏有點相似，但比徐訏的感傷甚至沉痛。《北極風情畫》中的「我」，因神經衰弱症獨上華山落雁峰療養，聽一個陌生怪客講述了一段哀傷的戀情。原來這個陌生人是韓國流亡革命者，1932 年冬在西伯利亞的托木斯克城與俄羅斯少女奧蕾利亞不期而遇，墜入愛河。不久

〔註 5〕 徐訏：《性美》，《徐訏全集》第 10 卷，臺灣正中書局版。

根據中俄政府協定，駐紮托木斯克的兩萬官兵必須立即回國。奧蕾利亞聞訊，把一小時當一年過，以驚人的狂熱享受他們分手前的四天愛情。上校回國途中得知她已經自殺，並留下遺書要他十年後登高朝北唱一曲他們分手時的《離別曲》。「我」所見到的怪客在華山落雁峰上的神秘行蹤和凄厲如狼嗥的歌聲，就是他十年後對這約定的履行。一朝豔遇，十年哀痛，英雄美人生死戀，一個典型的浪漫傳奇〔註6〕。《塔裏的女人》則把這哀痛進一步昇華為一種人生哲理。羅聖提本想以自我犧牲成全黎薇的幸福，可黎薇婚後即遭遺棄。十年後，羅聖提懷著強烈的負罪感不遠千里找到西康她隱姓埋名的小學，眼前的黎薇已經面目全非，近乎癡呆了。作品把《北極風情畫》的生死界限轉換成地域空間，讓火熱的情愛失落在遙遠的邊陲一角，鋪排成一曲動人的浪漫悲歌。又彷彿讓一個飽經憂患的衰老船夫，歷經大海的變幻，風暴的襲擊，困苦與掙扎，到了晚年，在最後的一剎那，睜著疲倦的老花眼，用一種猝發的奇跡式的熱情，又傷感又讚歎地講述他一生的經歷。於是，「我」在月夜神秘的提琴聲中得到了啟示：「女人永遠在塔裏，這塔或許由別人造成，或塔由她自己造成，或塔由人所不知的力量造成！」顯然，作者把人間的悲歡離合歸於宿命，這反映了40年代初無名氏自己獨居華山一年，與高僧談佛論道所受的影響。

　　徐訏和無名氏以寫浪漫型的愛情而聞名，但有時也對世俗型的婚姻加以嘲諷，對醜陋的人性加以拷問，對命運的無常發出感歎，在他們的浪漫傳奇的風格中已經包含了現實主義乃至現代主義的因素。或許正因為這一點，他們雖然同屬於新浪漫派小說家，後來卻依據各自的個性走上了不同的創作道路。徐訏更靠近寫實主義，雖然有時也寫一些帶著濃鬱浪漫情調的小說，如《盲戀》，或者是在寫實的筆調中滲透了一點荒誕感和虛無意識。無名氏則朝著現代主義的方向發展。他自稱代表作的《無名書》六卷，現代主義的色彩

〔註6〕　這種情調頗像徐訏的短篇《幻覺》。《幻覺》寫一個青年畫家在鄉下為神秘的生命力驅動，獲得一個姑娘的純潔愛情後為她畫了一幅人體寫生，不幾天獨自離去。女孩因此發瘋，被路過的尼姑收為弟子。畫家無限悔恨，流浪各地尋找她的蹤跡，最後發現她放火燒了庵堂，自焚而死。畫家也就在那庵的對山削髮為僧，每天凌晨登上峰頂等待日出，在充塞天宇的一片詳和的霞光裏與他幻覺中無所不在的姑娘進行心靈交流，從回憶的痛苦裏體味宗教信徒皈依上帝後所享受的喜悅。但徐訏大多數浪漫傳奇的結局都寫得相當瀟灑，顯示了他對人生的一種比較從容的心態，而寫到主人公因懺悔而自己折磨自己達到令人震驚的程度，則只有《幻覺》一篇。

越來越濃，雖然這些作品的現代主義色調中也仍然晃動著浪漫的光影。應當說，中國現代浪漫主義思潮受到西方的從現實主義、浪漫主義到現代主義多種文學思潮的共時性影響，又面臨著中國社會轉型時期的複雜情況，它已經是一個開放性的系統，在保持主觀性、情緒化、親近大自然等浪漫主義的基本特性的前提下，融合了現實主義和現代派文學的因素。因此，在一定的條件下，它有可能因增加故事性而向現實主義靠攏，或循著浪漫主義的注重內面表現的方向進一步深入人的潛意識而向現代主義過渡。新浪漫派小說家後來分別靠近現實主義和現代主義，只是作爲一個較爲突出的例子，說明中國現代浪漫主義思潮並不是一個封閉的存在，而是與其它文學思潮處於錯綜複雜的關係中罷了。

（原載《江漢論壇》1999 年第 8 期）

巴人、剡社及《新奉化》

　　剡社作爲一個地方社團，與巴人早期的革命活動關係相當密切；《新奉化》則是剡社的會刊，是巴人青年時主編過的刊物，裏面還刊登了他的文學作品和政論文章。由於資料散失，有關剡社和《新奉化》的一般情況，人們似乎至今還所知不多，連巴人自己在有關著述裏也語焉不詳，至於《新奉化》上的巴人作品更沒有引起廣泛的注意。筆者最近在巴人家鄉奉化縣（現改爲市）找到了兩冊《新奉化》雜誌，擬結合巴人的《旅廣手記》及地方黨史的有關材料作些探索，以供巴人研究者和地方社團研究者參考。

　　剡社發起於 1920 年，而不是巴人《旅廣手記》所說的 1923 年。據《新奉化》1923 年第一期發表的《剡社的責任》（作者周代殷，剡社成員，當時在北京警官學校讀書）一文說：「民國九年，我友嚴竹書、王仲隅、胡穎之諸君，因感奉化現狀不滿足，特地邀集許多同志，組織了一個剡社。」這與巴人後來寫的《旅廣手記》相比，顯然更爲可靠，由此可以斷定巴人把剡社的成立時間跟《新奉化》的創刊時間混淆了。從上面所引材料中我們還可知道剡社的發起人有嚴竹書、王仲隅等。不過剡社的正式成立時間應爲 1921 年，因爲《新奉化》第三期所載社員統計表把王仲隅等人列爲第一批於「民國十年」入社的社員。巴人此時還在寧波第四師範讀書，任寧波學生聯合會秘書。根據《新奉化》上的這張統計表記載，巴人是 1921 年與王仲隅等一起加入剡社的，也是剡社的發起人之一。

　　剡社初期成員大多數是在寧波、奉化等地工作的小學教員和新聞記者，他們親身參加了五四運動，程度不同地接受了民主思想，因而對故鄉專制、黑暗的現狀產生了強烈不滿，於是組織了這個同人團體。他們的宗旨是「本

互助之精神，行改造之事業」（見《新奉化》第一期所載《剡社簡章》），立志改革奉化社會。1921 年剡社的成員有六十三人，至 1925 年發展到一百二十多人，在地方上形成一股不可忽視的勢力。

剡社成立時沒有正式機構。1922 年舉行第一次常會，修正《剡社簡章》才正式設立執行部和評議部。該《簡章》規定評議部負評議社內一切事務之責，執行部執行社內決議事項。巴人的哥哥王仲隅和巴人分別擔任了評議部副部長和評議員。《簡章》還規定「常年大會每年暑期內舉行一次。」「遇有特別事故，得由評議部臨時召集社員開臨時會。」「每年開評議會二次，春秋各舉行一次，但遇緊急事項，得開臨時會議。」據《新奉化》上刊載的有關材料，剡社曾多次召開會議，各部職員都前後有些變動，歷年募得的資金也十分可觀。《新奉化》上還登有數十社員的合影。

從剡社的「宗旨」和實際活動中，我們可以看出它是一個帶政治色彩的群眾團體，具有反封建的進步傾向。他們「要創造一個新的適應的社會，使奉化的父老叔伯兄弟姊妹能享受這個新的適應的社會的幸福，迸而使奉化在浙江能夠做一個第一等的模範縣。」（見《剡社的責任》）反映了他們受到新思潮的影響。

巴人在「剡社」中是覺悟較早的青年，當時對農村的社會實際已有較深的認識。他在《新奉化》上發表作品，啓發農民階級覺悟，呼籲他們跟傳統觀念決裂，向舊社會挑戰，具有革命民主主義的傾向。

但由於大多數社員都是小學教員，所以剡社在主張改造地方社會的同時，自然地存在著「教育救國」的色彩。他們都「從自己所從事的職業出發，想用教育來改革奉化」。〔註1〕「教育救國」的思想不會動搖封建統治的基礎，卻使剡社捲入了一場規模不小的社會衝突，即 1923 年爲爭奪縣議會的控制權，它跟奉化縣城的土豪劣紳組織「法治協會」鬥爭〔註2〕，並取得了勝利，趁機創辦奉化初中，擴大了社會影響。奉化初中直至大革命時還是一批進步青年活動的中心。

1923 年剡社爲加強跟「法治協會」鬥爭的力量，吸收了一批開明紳士，成員漸趨複雜。這成了後來剡社分裂的一個原因。隨著馬列主義的廣泛傳播和全國革命形勢的高漲，社內一部分革命民主主義者經過艱苦探索，走上了

〔註1〕 巴人：《旅廣手記》，人民文學出版社 1981 年版，第 4 頁。
〔註2〕 巴人：《旅廣手記》，人民文學出版社 1981 年版，第 4 頁。

無產階級革命道路。巴人於 1924 年加入中國共產黨，成爲寧波地區最早的黨員之一；王仲隅、董摯聲等也先後在大革命高潮中加入共產黨。一些右翼成員則在激烈的鬥爭中動搖，跟軍閥政府妥協。1925 年他們爲了避免「赤化」的嫌疑，把激進的王仲隅從奉化初中撤下來，王只得離奉赴廣州〔註3〕，剡社開始分裂。1926 年夏，巴人也因奉化軍閥政府的迫害去廣州參加北伐。不久，王仲隅從廣州回來與董摯聲、卓子英等一起在奉化從事農民運動，至此參加過剡社的共產黨人跟剡社中的右翼分道揚鑣。剡社進一步右傾，成了一批「想做紳士而沒有做成紳士和做成了紳士而還想做個大紳士的一些地主資產階級分子的烏合之眾。」〔註4〕「四・一二」以後，剡社也就被新的政治勢力代替了。

歷史地來看，不能因爲剡社後來的紳士化而否定其前期起過積極作用。從反帝反封建的五四運動開始，年輕的巴人與幼稚的剡社以新的姿態一起登上了歷史舞臺，改造社會的進步願望使他們攜手共進。從 1924 年巴人加入中國共產黨至 1926 年他離開奉化，剡社跟巴人的關係發生了重大變化，但它客觀上仍有利於巴人進行反封建的革命活動。當時，國民黨的活動處於半公開狀態，而共產黨的活動則完全是秘密的，巴人等不得不借用剡社的民主力量和它的群眾團體的牌子開展工作。奉化的「五卅」反帝愛國運動就是王仲隅、巴人等以剡社成員、奉化初中教師的公開身份組織領導的。剡社又安排巴人接任奉化初中教導主任，使他得以和其他共產黨人一起向學生宣傳革命思想和關於共產主義的基本知識。有一部分學生經過「五卅」運動鍛鍊，先後加入了共產黨，成爲人民革命和農民運動的中堅。巴人在《憶寧波建黨初期》一文中對此作過總結，他說：「這時校內有共產黨員三人，即趙、石和我，但不爲其他人知道，以剡社爲中心也成立了國民黨支部，與寧波相聯繫。但一切工作，仍以剡社名義進行。因爲它是更廣泛的統一戰線的組織，有一批開明的和進步的紳士勢力可依靠」。〔註5〕

剡社出版的《新奉化》則爲巴人早期的文學創作提供了一個重要陣地。《新奉化》是一個有文藝欄的綜合性雜誌，創刊於 1923 年 7 月，其一至三期是年刊，爲三十二開本，約二百頁，由「剡社總編輯處」編輯，北京永明印書局

〔註3〕　巴人：《旅廣手記》，人民文學出版社 1981 年版，第 5 頁。
〔註4〕　巴人：《旅廣手記》，人民文學出版社 1981 年版，第 72 頁
〔註5〕　巴人：《旅廣手記》，人民文學出版社 1981 年版，第 108～109 頁。

承印，寧波《四明日報》館發行，在北京、上海、寧波本埠等地設有代派所。年刊每期都附有《啓事》，指定下期稿子統一寄至某地某人，其中第四期的稿子指定與「編輯委員王任叔君接洽」，也就是說自 1925 年開始，《新奉化》交由巴人主編，並把「年刊改做了月刊」。這樣，他們除了學校陣地外，「又有了一個輿論陣地了。」〔註6〕但巴人所說由他主編的《新奉化》月刊現在還未曾看到。據現有資料分析，1923 年至 1925 年的三期年刊以後，確實出過若干期《新奉化》。巴人曾在《新奉化》上著文罵過「法治協會」〔註7〕，1926 年初又寫過社論忠告蔣介石要愼於用人。〔註8〕這些文字不見於年刊，顯然刊登於 1925 年以後所出的《新奉化》上。至於這些《新奉化》是否爲月刊，還不得而知。

　　《新奉化》的內容分言論、調查、記載、介紹、文藝、通訊、附錄等專欄。從發表的文章看，教育問題的討論和各鄉學校情況調查占很多篇幅，後者大多以「剡社調查部」的名義發表。此外還有些實業計劃、資政言論、風俗漫談、同人消息等。文藝約占全部篇幅的六分之一。第一期發表了《告兄弟們》（王任叔）、《領路者》（胡穎之）、《曼曼》（周國瑞）三篇。這些文學作品使《新奉化》得以躋身浙東最早一批帶文藝性的新期刊的行列。《新奉化》自創刊起就基本掌握在剡社的一些進步青年手中，評論時政，報導民間疾苦，宣傳新思想，爲鄉人矚目。特別是巴人接編後，刊物的鋒芒更加尖銳，如巴人所說：「正是這個刊物打擊了法治協會裏一些城狐社鼠，使他們對我有置之死地而後快的憤怒。」〔註9〕

　　在文藝思想上，《新奉化》主要受文學研究會的影響。它在《徵文啓事》中對文藝欄作了如下規定：「凡新舊詩歌詞曲之有價值者，（以人生的藝術爲標準）與各地歌謠遊記等類屬之。」說明它接受了「爲人生而文學」的主張，並且重視體現「民間之怨苦不平」的歌謠及遊記。〔註10〕這種現實主義的傾向與《新奉化》主持者的政治態度及他們跟文學研究會的密切聯繫有關。如1922 年暑假，寧波教師講習班邀請沈雁冰、鄭振鐸講學，來聽講的就有巴人。第二年巴人就加入了文學研究會，在《文學旬刊》上發表了不少作品。

〔註 6〕　巴人：《旅廣手記》，人民文學出版社 1981 年版，第 5～6 頁。
〔註 7〕　巴人：《旅廣手記》，人民文學出版社 1981 年版，第 3 頁。
〔註 8〕　巴人：《旅廣手記》，人民文學出版社 1981 年版，第 32 頁。
〔註 9〕　巴人：《旅廣手記》，人民文學出版社 1981 年版，第 6 頁。
〔註 10〕　《〈新奉化〉徵文啓事》，《新奉化》年刊第 1 期。

當然，《新奉化》的文學主張還是幼稚的，它僅僅搬用文學研究會的口號，缺乏自己的獨立思考。特別是它明顯地寬容了舊形式，允許「新舊詩歌詞曲」並重，「文言白話，聽作者自便」〔註11〕，這在視文言為妖孽謬種的五四時代不能不說是一種向紳士妥協的態度。但是文藝思想上的不成熟並沒有妨礙進步青年在時代激勵下對人生的探索和表現。特別是巴人，他以反映勞動群眾生活和精神面貌、記錄自己思想藝術發展軌跡的文學作品，使《新奉化》文藝欄顯示了鮮明的現實主義特色。

巴人發表在《新奉化》上的作品，現在發現的有兩篇，即長詩《告兄弟們》和短篇小說《剪髮的故事》。

《告兄弟們》發表於 1923 年 7 月年刊第一期。整首詩 70 行，以熱烈的呼喚和真誠的傾訴撥動讀者的心弦：

> 我親愛的兄弟們呀！
>
> 起來！起來！
>
> 時候已經到了！
>
> 夜影已逃跑！
>
> 起來！起來！

作者向一切「趨附利冀、為爭食而斷送人命」的惡獸們和「搬弄那太陽不能發光」的天狗們發出了戰叫。但長詩的主要價值還在於它的思想性，作者以高昂的政治熱情從社會鬥爭的高度敏銳地提出了現實生活中某些重要問題。

首先，批評了小資產階級知識分子脫離實際、弄風吟月、逃避人生的缺點：

> 他們只曉得花是怎樣的美麗，
>
> 山是怎樣的沉靜而好看，
>
> 水是怎樣的活潑，
>
> 小孩是怎樣的爛漫而天真，
>
> 他們又曉得人生終當靈肉調和，
>
> 旅途中終當勇往直前，
>
> 但他們只能口吶喊，
>
> 空留旌旗泛雲影！

〔註11〕 《〈新奉化〉徵文啓事》，《新奉化》年刊第 1 期。

只能筆震呼，

不留意田間的蛙聲。

笑！他們呵！

他們終究逃不了一會遊戲的人生！

第二，批評了群眾的蒙昧、落後和不覺悟：

我們所怕的又是那般

俯首於狼前的小羊，

遭壓於蛇前的小雀！

他們有口不能叫喊，

他們有心願受人支配！

他們的智果中剖得的是：

「只要服從，只能服從，」

他們找不出曲直的前路，

他們辨別不了是非的門徑，

……

他們的經驗又告訴道：

這是命運擺佈，這是命運擺佈！

……

蒙昧是他們的生活，

蠢動是他們的生意！

唉！我的親愛的兄弟們呀！

快起來！

第三，包含了知識分子要和農民群眾互相「聯繫」的思想萌芽：

我們應該可憐他們倆呵！

他倆有多潔白的心田！

我們該怎樣使他倆聯繫！

手挽著手，踉蹌向前！

仗利劍，折銳箭！

射殺天狼，揮落狼首！

巴人已經感到知識分子的脫離實際和農民群眾的愚昧落後是嚴重的問
題，他覺得「他倆」似乎只有互相聯繫起來，才能「高唱著大夢破曉」。雖然

巴人的認識還很樸素模糊，他沒有也不可能回答「他倆」該怎樣聯繫，但其可貴之處在於，他至少已在思想觀念上突破了知識分子和農民之間的傳統隔膜，提出了一個尖銳而發人深思的社會問題。

《告兄弟們》這首詩以思想取勝，但思想還沒有和藝術完美結合起來。因此，整首詩雖也洋溢著悲壯的激情，但給人的與其說是情感觸動還不如說是思想上的某種啓示，作為詩則失之直露，缺乏回味。這說明巴人並不擅長詩歌這種文學樣式。

短篇小說《剪髮的故事》發表於 1925 年《新奉化》年刊第 3 期，通過一個民國初年因剪髮而引起的家庭鬧劇，反映了群眾不覺悟的社會悲劇。作品的情節很簡單：主人公老牛是個目不識丁、思想守舊的農民，他對民國、總統和剪髮等等十分模糊，卻牢牢記著「不孝有三，無後為大」、「身體髮膚受之父母，不敢毀傷」的古訓，因此他不願剪髮。但老牛又同一般忠厚老實的農民一樣，很崇拜「有學問」的知識分子，因此當一個假充時髦、名叫恩精咽的鄉村教書先生大吹自己跟孫文、黃興和黎元洪的「兄弟」情誼，大談「實利主義」和「時髦」主義，證明剪髮即是講實利和時髦的時候，他也就為其宏論所「折服」。於是他不顧妻子反對而決然把自己和兩個兒子的辮子剪去，還以為從此一家子能成為「出頭出腦的文明人」。可是老牛剪辮子首先要拜過菩薩，剪辮子後又生怕別人取笑，不敢出門。一個月後，他的一個兒子阿貓得了鄉下常見的流行病突然死去，左鄰右舍都盛傳是老牛剪髮的報應，於是「老牛也似乎有點懊悔，終日價坐在小竹椅上灑淚」，聽憑老婆把另一個兒子阿狗的頭髮重新蓄起來。作者感慨道：「我是個愛國主義的信徒，像恩精咽、老牛之類的人們，確是中國裏括括叫的國貨。我將他們描寫一下，以表示我提倡國貨的熱誠。」「依中國的邏輯說，老牛的兒子之死，確是老牛剪去髮辮，做了太文明舉動的緣故……我做這篇故事，是在惋惜老牛！」

作者確是在「惋惜老牛」。老牛是辛亥革命時期具有相當普遍性的不覺悟的農民形象，他除了深受封建倫理思想毒害外，身上還嚴重存在著封建習俗的影響和性格上的墮性。例如當恩精咽勸他剪髮時，他馬上想到「俗禮」，問道：「偷老婆不是要剪辮子的嗎！」接著又以為「沒有辮子，撈不著了不習慣。」他後來雖然剪了辮子，可他思想上的落後辮子並沒有剪掉，因此最後重新蓄髮也是必然的。

作品的發人深思之處還在於描寫了農村中的封建輿論力量。聽說老牛要

剪髮，反對的首先是他妻子：「天下沒有皇帝的事，難道也會有嗎？什麼總統
瘋三，多不過戲文上的草頭皇，也會管得成天下？將來光緒皇帝再打復了天
下，看你髮辮還養得起來！」周圍的群眾也紛紛取笑他偷了老婆，後來更是
狠狠教訓自己的子女說：「好，好，你去剪髮，老牛的兒子阿貓不是這麼死的
嗎？」必須注意，代表封建思想意識反對老牛的幾乎都是處於社會底層的普
通農民。從這些人身上彙集起來的封建輿論力量不費吹灰之力，就把老牛不
自覺的革新要求扼殺了。巴人通過這樣的描寫，展示了封建思想意識在社會
上極其廣泛而根深蒂固的存在，正是這種腐朽的、異己的思想力量緊緊地束
縛了人們，嚴重阻礙了社會的進步。這實際上是提醒人們，清除各自身上，
特別是農民身上的這種封建思想意識乃是一項艱巨的刻不容緩的任務。

　　《剪髮的故事》等作品所表現的主題顯示了《新奉化》時期巴人對農民
問題思考的深刻之處，反映了他當時的思想水平。《告兄弟們》和《剪髮的故
事》分別發表於巴人加入中國共產黨前後，對於研究巴人前期思想和他早期
創作的藝術特色具有重要的價值。

（原載《寧波師院學報》1985 年第 1 期）

巴人鄉土小說的創作歷程

　　巴人從 20 年代初開始就以表現家鄉的風土習俗、農民的遭遇命運而爲文壇所囑目，直到解放初他還在努力修改《荞秀才造反記》這幅 50 年前「中國江南農村生活的風俗畫」。鄉土小說的創作縱貫了巴人整個文學道路，並以其鮮明的個性特色和可觀的藝術成就而在新文學史上佔有不可忽視的地位。

一

　　「鄉土文學」這一概念來自魯迅爲《中國新文學大系·小說二集》所作的導言。按魯迅的觀點，凡是僑居北京而抒寫「胸臆」的作者，他們的作品往往是鄉土文學。由於這些作者擔負著時代的苦悶，又遠離故土，所以作品大多隱含著對故鄉的眷念，具有濃鬱的鄉土氣息。後人據此又把那些反映農村生活，有較濃的鄉土特色的作品也稱爲鄉土文學。

　　巴人寫鄉土小說的第一階段是在大革命前後。那時他並未遠離故土（其中有一段時期在廣州），但他的小說具有鮮明的鄉土特色則是與其他鄉土作家一致的。巴人的鄉土小說幾乎都以他的故鄉一帶爲背景。那裡小小的村莊上大都住著同一宗族，極少數異姓是廟祝、轎夫、剃頭匠之類的「賤民」。族長是名份上的君王，實權則操在經營廟產的富戶或書禮之家手中。如果村落之間發生衝突，照例是鳴鑼集眾，大開廟門商議辦法，最後或用械鬥或以訴訟了結爭端。一村之中總有略識之乎的紳士操縱著人們的命運，他們調解紛爭，懲辦偷盜奸通等事，一切公正與道理皆在他們口上。這些特異的風土習俗在巴人作品中隨處可見，並從各篇融匯成一個總體，構成人物活動的富有地方特色的背景，給作品增添了濃厚的鄉土味。

　　巴人這一時期的鄉土小說主要寫農民及其悲慘的遭遇。《疲憊者》中的運秧空有「倔強」的個性，貧窮潦倒，終至淪爲乞丐。《河豚子》寫一個農民在走投無路之中買回一籃河豚子，想毒死一家老小，可妻兒非等他回來共嘗不吃，終因煮烤時間過久而分解了毒性，吃了也沒有死成，寫出了農民求死不能的慘狀。巴人的作品大都表現這些「破屋下」的人們的絕望掙扎，從不同側面反映了 20 年代中國農村的破產和農民生活的貧困化。

　　巴人寫農民的不幸往往著眼於表現他們靈魂深處的孤獨。雖然主人公們並不自覺，但深刻的孤獨始終緊隨著。《殉》沒有複雜的情節，濃筆渲染的是三田蟣對一片竹山的病態愛戀。他從小孤苦伶仃，沒被人愛過，唯一的自由樂土就是那祖傳的灑滿了自己汗水的蒼翠竹林，爲此他甚至不願拿它去換女人。作者越是寫三田蟣對竹林的愛，越是寫他在竹林中方能得到自由快樂，就越映照出他在人間的可悲可憐，從而刻劃了一顆受不住人世生活的紛擾而被迫退入內心，蜷縮在自然一角的孤獨靈魂。《孤獨的人》主人公老八要比三田蟣大膽粗率得多，他瞧不起只會在父母面前拍馬屁的兄弟，不顧虛僞的禮儀，耿值得幾乎不合世俗，就像一頭未經馴化的野牛在貧窮中橫衝直撞。可有一天他也忽然覺得無妻無兒的淒涼，深悔這一生還「沒做過人」，沒等他從醉態中清醒，就跌入池塘淹死了。巴人沒有正面展示反動勢力對農民的剝削壓迫，而是選擇了一個很獨特的角度，力圖通過平凡生活中農民直感的內心體驗來控訴環境對他們精神上的重壓，這種壓迫有時甚至比物質的剝削更爲殘酷。

　　巴人是個革命者，20 年代初就在寧波一帶從事反帝反封建活動，1925 年加入中國共產黨。因此他早期的鄉土小說已經不是一般地表示對農民的同情，也不會滿足於孤立地描寫農民的遭遇。《暴風雨下》中的運根被國民黨政府拘捕後嚇成精神分裂，後來只要一聽「官」字號的人物就會驚恐萬狀地逃上後山，在暴風雨下整夜不歸，最後跌死在這樣的「逃難」中。《順民》裏的老狗誠心戒煙，卻被知縣當成大煙鬼槍斃。《疲憊者》寫運秧受小偷阿三的誣告，運秧的堂兄朝宗公開站在外姓人阿三一邊，把運秧送入大牢，說明地主階級已經撕下了虛僞的宗法面紗，露出了赤裸裸的階級本性。很明顯，巴人通過這些描寫，意在揭示農民的種種不幸都導源於土豪劣紳的敲詐勒索、官兵政客的草菅人命這一嚴酷的事實，從而把矛頭直指反動政權及其社會基礎，使其作品既有濃鬱的鄉土氣息，又有很深刻的社會涵義。

　　難能可貴的是巴人沒有忽視對農民自身精神弱點的批判。由於長期的封建統治和狹隘的小生產者的社會地位，中國農民的覺醒需要一個非常艱苦的過程。20 年代，他們絕大多數還處在保守落後、愚昧麻木的精神狀態中，因此凡是進步的作家在描寫他們不幸的時候總會或深或淺地展示他們靈魂的病態，這已成了新文學一個富於時代感的主題。巴人在表現農民命運的時候，也同樣涉及對農民病態靈魂的解剖。比如《順民》，固然是陳知事槍殺了老狗，可老狗前去自首時又是多麼虔誠啊：他跪在知事面前，「老爺，小的從此再也不敢抽大煙了，小的大煙是從昨夜戒起的。」（他本是因治病才抽上大煙的）為表示並未說謊還特地帶去了已經拔掉的罌粟杆。老狗的行動暴露了愚弱的國民對「王法」的畏懼和對封建「父母官」的盲目信任，他滿以為憑自己的忠誠可以換得老爺的赦免，哪知反而害了自己。這是多麼「順從」，多麼愚昧麻木啊！類似老狗的農民在巴人的鄉土作品裏隨處可見。他們受宗法思想、正統觀念、倫理教條以及小生產者的社會地位的束縛，成了任人宰割的綿羊。巴人從他們精神病態和社會壓迫的辯證聯繫中來描寫其悲劇命運，主題是非常明確的：農民需要思想啟蒙。這就比一般地暴露社會黑暗、展現人世不平更富有社會意義。

　　值得注意的還在於巴人對農民出路的關注。發表於 1925 年的《雄貓頭之死》裏，有一個精靈大聲疾呼地要雄貓頭做一個「強者」，用利劍取回自己「應有的地位」，希望農民起來反抗，用鮮血洗淨這骯髒的世界。雖然激情顯露，思想不深，但在五四時期許多知識青年為追求個性解放、婚姻自由而奔走呼號的時候，能向農民指出其受奴役的社會地位，鼓動他們向「富人」復仇，則不能不說是在農村上空滾過的一聲驚雷。只是因為巴人還沒有在現實生活中找到覺醒的農民，所以反抗的呼聲只能出自夢中的精靈，而夢醒後的雄貓頭還是糊塗地被官兵枉殺了。殷切的希望和沉悶的現實之間的這種距離，給作品留下了淒厲而悲愴的餘音。

　　1926 年巴人奔赴當時的革命中心廣州，受到了一次更為壯闊的社會革命浪潮的洗禮。但是還來不及等他正面表現這一重大題材，就傳來了「四·一二」政變的消息，此後不久寫成的中篇小説《衝突》顯然留下了時代的消極影響：他過多地把筆墨花在知識分子革命者的遭遇和他們跟土豪劣紳的衝突上，忽略了農民鬥爭這一很重要的線索。作品寫到農會的活動，僅三言二語帶過，沒有正面表現這一歷史性的事件，跟後來改寫的長篇相比，其缺陷是

明顯的。但是這不會損害《衝突》在巴人創作中的重要地位：作品由兩條線索構成，主線寫城鄉革命勢力跟反動勢力的正面交鋒，展現了大革命在農村引起的巨大回響，副線寫農民阿翹內心樸素的階級感情和宗法思想的衝突，阿翹從宗法觀念出發要求革命者寬恕同宗族的劣紳朝宗，可白色恐怖一來，朝宗就勾結「還鄉團」把革命者置於死地。阿翹從血的教訓中才明白了「姑息就是養奸」的道理，象徵著農民的初步覺醒，也道出了巴人對於大革命失敗的沉痛反思。

　　20 年代中期是鄉土文學興盛時期，許多作家描寫各自熟悉的生活，一篇篇具有迷人的地方色彩的作品把文壇裝點得絢麗多姿。如王魯彥擅長於寫浙東農村小有產者在資本主義勢力衝擊下的命運變遷；許欽文忘不了留著童年溫暖的父親的花園；蹇先艾的《水葬》展現了貴州鄉村落後野蠻的風俗，彭家煌的《慫恿》寫出了鄉村流氓的猖獗和農民的被愚弄，而在許傑的《慘霧》裏，人們可以看到台州農村一場大規模的原始性械鬥。這些作品大都包含著深深的人生感慨和淡淡的鄉愁離情，展現了作家各自出色的藝術才能。相比較而言，巴人此時的鄉土小說不注重細膩複雜的描寫，如果想在他的作品中尋找富有詩意的鄉野趣味或者游子懷戀故土的感情，那是會失望的。巴人的優點在於他能比較早地從社會改造的角度來思考農民的問題，具有難能可貴的思想深度和較強的時代感，體現了他作為一個富有藝術氣質的革命者的本色。

二

　　巴人創作鄉土小說的第二階段始於 30 年代初，終於 30 年代中期。這正是他離開革命鬥爭漩渦，在武漢、南京和上海等地謀生的時期。以今天的眼光看，早年的巴人多了一點詩人的純真和敏感，身上還存在著小資產階級革命者常有的弱點，所以在 20 年代末、30 年代初經歷了幾次重大的人生挫折以後，便產生了消極的念頭，開始了一個吟唱「『歸去來兮，田園將蕪』，而決計『退隱』於『筆耕』」的階段。〔註 1〕他這時的精神狀態無疑地在創作中留下了烙印，就像他自己也承認的：「我個人的失敗的情緒，通過了作品成為非常感傷的了」。〔註 2〕

〔註 1〕　巴人：《皮包和煙術・前記》，《巴人雜文選》，人民文學出版社 19885 年版，
　　　　　第 425 頁。
〔註 2〕　巴人：《鄉長先生・校後記》，《巴人雜文選》，人民文學出版社 1985 年版，第

　　30 年代初中國社會正在經歷一個重大的變化。國民黨和共產黨兩大勢力展開了殊死的搏鬥，農村土地革命運動在中國共產黨領導下如火如荼地開展，農民群眾開始走上覺醒反抗的道路。新文學緊跟上時代，湧現了蔣光慈、葉紫這樣能及時表現農民鬥爭的作家，茅盾也揮毫讚頌了農民反抗地主剝削的武裝暴動，即使以描寫小資產階級知識分子感傷情緒見長的丁玲也感受到了時代的氣息，開始把目光轉向農村，寫出了《水》這樣表現農民自發抗爭的作品。與新文學的這一變化相比，巴人作為一個很早就投身於革命鬥爭的作家顯得有些落後於時代了，他「退隱於筆耕」，沒能充分感受農村的偉大變動，寫出有時代特色的作品。這一時期他也寫鄉土題材，但大多是從記憶深處流出的對於故鄉習俗的回味，並且減弱了他早期鄉土小說中常見的那種激憤難平之氣，因此作品的時代感淡薄了。能體現他這種傾向的鄉土小說是那些抒寫風俗、生活氣息濃鬱，筆法較為舒展的篇章。《牛市》寫貧苦農民喜如用自家「命相不好」的老牛意外地換回了一條嫩牛，可這牛是別人偷來的，木及高興就被失主攔著，不僅丟了牛，還被當成賊痛打一頓。作者濃筆揮灑的則是「牛市」這一古老的習俗和農民的種種迷信。從牛主人日祥闊嘴擁有宰「半條牛」的祖傳特權、他的宰牛技藝、他在牛市上張羅說合以圖從中收取傭金，一直到喜如嫌老牛頭上有一撮白毛，害得家破人亡不吉利，從容寫來，很有地方風味。透過這生動的風俗描寫，人們看到的則是舊時代浙東農村的半死不活的蕭條景象。

　　《追剿》通過土匪和官兵的對比，表達了官不如匪的上題：接「財神」的土匪尚且講公平，用錢向守山人買飯吃，隨後跟進的剿匪官兵卻殺了守山人的妻子，還搶去那筆土匪給的錢。這本是個非常尖銳的題材，可作者沒有像 20 年代的《順民》寫老狗必然被殺命運那樣來組織矛盾，而是讓他妻子受掠外逃被誤作土匪打死，悲劇由誤會而發生，這就削弱了作品揭露社會的力量。顯然，巴人要著意表現的還是另一面：寫這些淪為綠林好漢的貧苦農民、破落鄉紳頗有人情味的性格和他們劫富打家、充滿傳奇色彩的經歷，為我們展現了舊時代浙東農村一種很獨特的民情。作品還嘲諷官兵的腐敗和醜行，小頭目在村上姦淫婦女，兵油子像餓狼似的到農家搶飯吃，而剿匪之時，卻演出了一幕令人捧腹的鬧劇：

　　　　小隊長馬上下令吹號子，大力吹號。隊伍跟著前進。

　　5 頁。

> 　　什長王得標和李必勝全都知道王小隊長的用意：剿土匪盡吹
> 號，是同土匪打個招呼。意思是說，我們來了，你們走吧！大家放
> 空槍，兩不傷人，這就完了，就因爲這樣，軍號一吹全隊的人精神
> 都振奮了。

從而把對於軍閥的痛恨溶化在冷靜而詼諧的描寫中。這是由於作家那幾年離
開了農村的鬥爭，失去了感受農村變革的條件，只能憑早年積累的素材，在
「都市生活中精力剩餘時」寫這樣一些零碎的小故事，表達「一種對於鄉村
風習趣味的憧憬與回憶。」〔註3〕包含著對現實的諷刺和批判。

　　雖然這樣，作家對貧苦農民的同情和關注，對黑暗社會的不滿則是一如
既往的。這說明巴人的思想處於矛盾之中：他的活潑好動的個性和早年的革
命經歷使其想「退隱」而終不可能徹底，而生活的逼迫使他想投入時代的漩
渦卻一時又有所顧惜。他的鄉土小說創作也因此存在著複雜的情況，一方面
他寫了偏重表現風俗人情的《牛市》，《追剿》，另一方面又有揮斥時政的小說
產生。如《鄉長先生》立意在於揭示二次大戰期間帝國主義經濟侵略背景下
農村資本主義勢力的擡頭，〔註4〕說明他也在努力捕捉時代的脈搏。雖然《鄉
長先生》沒有充分實現創作初衷，人們看不出替代傳統封建勢力而在鄉村起
支配作用的小商人與帝國主義買辦之間的聯繫，但它揭露了國民黨在農忙時
節抽壯丁、不顧農民死活的暴行，描寫了農村潛伏著騷動，農民對「黨國治
世」的不滿，很有現實意義。

　　巴人創作的複雜面貌和他思想上的矛盾狀況說明他正處於新的變動的前
夕，他具有繼續前進的內在動力。只要有適當的條件和機遇，他身上積極進
取的精神就會重新萌發，而創作也將迎來一個新的階段。

三

　　30 年代中期中國廣大農村的形勢進一步變化，民族矛盾日趨尖銳。時代
在逼著人們檢查自己的生活態度，也影響著巴人思想向積極的方面轉化。1936
年7月他參加發起「中國文藝家協會」，開始突破個人狹小的圈子。年底，馮
雪峰代表共產黨組織與他取得聯繫，並委派工作。組織的信任極大地鼓舞了

〔註3〕　巴人：《鄉長先生‧校後記》，《巴人雜文選》，人民文學出版社 1985 年版，第
　　　　5 頁。
〔註4〕　巴人：《鄉長先生‧校後記》，《巴人雜文選》，人民文學出版社 1985 年版，第
　　　　5～6 頁。

他的熱情，使他積極地投入了時代鬥爭，成了「孤島」時期一名很有影響的中國共產黨的文化戰士。與此同時他開始回顧總結前一階段的創作，在 1936年初寫的《鄉長先生・校後記》中談到《還鄉》等作品時，意識到將個人的失敗情緒，通過了作品去觸動讀者的心靈，總是一樁錯誤。在 1937 年《流沙・後記》裏則慶幸「沒有把我自己為生活哭泣，對人生幻滅的憂鬱的感情，渲染在紙頭上」〔註 5〕，並不無自信地宣稱：「我是相信著：人力可以勝天。」巴人的精神面貌不斷地趨向積極樂觀，他的創作也就獲得了新的動力，其鄉土小說創作開始了第三階段。

最先透露出他創作新動向的是《流沙》集。其中《勘災》一篇取材於 20年代初一次大水災後知縣老爺對災區的視察，辛辣地揭露了封建官僚崇拜洋人、不問災情，甚至趕走難民一味尋歡作樂的惡劣行徑。作者用幽默詼諧的筆調寫來，令人想起《追剿》，但它沒去「憧憬與回憶」特異的風俗，而是著意展示農民自卑自賤的阿 Q 相，哀其不幸，怒其不爭，具有很強的針砭現實的意義。

此後幾年，巴人忙於用雜文進行鬥爭，小說數量不多，寫鄉土的更少。但他通過側面表現時代風雲或用新的思想觀點重新認識歷史，而使自己的鄉土小說具有新的內容和新的特點。發表於 1939 年《魯迅風》第 3 期上的《楊媽》〔註6〕，是值得注意的一篇。楊媽是個普通勞動婦女，善良得連貓都不忍虐待，更不相信日本兵會殺人。但當「八・一三」戰火中日寇打死了她在家鄉的丈夫以後，她終於相信世上還有不是人的「人」，在失夫的悲痛中拿出三元錢捐助抗日士兵。作品寫的雖是都市生活，但通過來自農村的女傭楊媽在民族危亡關頭的覺悟，傳達了中國千千萬萬勞動人民在日寇鐵蹄下崛起抗爭的消息。楊媽的行動象徵著中國人民不畏強暴，反對外來侵略的寶貴傳統，折射出時代的光彩。

《姜尚公老爺列傳》〔註 7〕是一部不錯的作品。它寫太平天國時代的鄉村，但意在通過姜尚公家族由盛而衰的變遷影射當今高唱「防共抗日」的國民黨老爺們的下場。作品由姜尚公的家世與為人（包括他與長毛的較量）兩大部分構成。前者移用了《不幸的男子》（1927 年）中的人物關係，後者以

〔註 5〕　巴人：《流沙・後記》，《巴人雜文選》，人民文學出版社 1985 年版，第 32 頁。
〔註 6〕　《楊媽》寫的雖是都市生活，但通過楊媽跟農村的聯繫從側面透露了農村的消息且能體現巴人小說創作新的特點，故在此處論及。
〔註 7〕　根據作者手稿發表於人民文學出版社 1983 年出版的《巴人小說選》。據篇首「緣起」推斷，該中篇作於 1939 年。

《黑夜》（1927 年）的情節爲基礎。因此我們只要把前後二個時期的幾部作品稍作比較，就能發現巴人鄉土小說創作的提高，當然其標誌不是題材的突破或「新人」的出現，而是以一種新的歷史觀點去處理原來的題材，發掘歷史的底蘊，從而使作品呈現出嶄新的風貌。

首先，《姜尚公老爺列傳》（以下簡稱《姜》）顯示了新的歷史意識。巴人在《黑夜》中極寫長毛的燒殺姦淫，無惡不作的暴行，劫後的村莊遍地鮮血。但在《姜》中長毛的暴行僅作爲大人們嚇唬孩子的美麗的「止哭文學」在鄉間流傳。巴人全部刪去長毛殺孩子取樂、爲搶財物動武等暴行的描寫，把道狗的被殺也歸之於姜尚公慫恿，暗示長毛的殺人是他們向姜尚公這類土豪劣紳復仇，而且還明確指出：長毛的恐怖形象是「添上了『成則爲王』者們自己的想像，而給渲染出來的」，「一切寇盜們的殘忍的史實，卻正是帝王們的殘忍的反映和表白」。（見《姜》）說明巴人糾正了傳說中的訛誤，能從馬列主義史學的高度把握太平天國農民運動，力圖揭示歷史的眞相。

其次，《姜》通過塑造姜尚公這一典型形象，更集中深刻地揭露了地主階級的本質。《不幸的男子》取材於巴人自己的家庭生活，其中祖父祖母身上明顯可見作者對其生活原型的親緣感情。顯然作品的主旨根本不是對他們的批判，而是在於揭露農村大家庭內部圍繞財產繼承問題展開的矛盾衝突，感歎人情的微薄，因而對競爭中的弱者寄予了人道主義的同情，沖淡了作品反封建的意義。《黑夜》裏的三先生是個鄉紳，他弔打佃農，舉辦民團，威震四鄉，但長毛襲來時卻驚慌失措，看到劫後慘狀便消了雄心壯志，決意歸隱，骨子裏還是個平庸之輩。《姜》則不同，巴人多處改動增刪《黑夜》的情節和細節，一切爲了突出這個武舉出身的姜尚公「英雄」氣概：他明知長毛將至，卻以「造謠滋事」的罪名把報警的趙老狗關起來，爲的安定人心便於他追討欠帳，整整一夜他能居危若安，胸有成竹地調度一切，事後還能讓老狗感恩戴德。長毛退走後，他又利用農民的盲從和對長毛的仇恨，煽動起一場血腥的屠殺，用無辜者的生命加強了自己的地位。作品讓姜尚公始終處於矛盾的中心，寫出他的威嚴、殘忍，得心應手地操縱著農民，一點沒有《黑夜》裏三先生臨陣驚慌和劫後隱居的影子。巴人以純熟的藝術手段對《不幸的男子》中的「祖父」和《黑夜》裏的「三先生」進行藝術再創造，從而塑造了姜尚公這一個性鮮明，集中體現了地主階級陰險殘酷本性的典型形象，標誌著他在藝術上從以敘事爲主的方法進步到以性格刻劃爲主的新的高度，在思想上則顯示了他在階級鬥爭學說指導下獲得了對地主階級本質的更爲深刻的認識。

再次，《姜》按照歷史唯物主義的觀點預見到了地主階級必然滅亡的歷史命運。《黑夜》最後寫鍾風德兒子代父受過被野蠻地殺死，巴人爲群眾的盲目復仇感到無比悲憤。作品的結尾是：「天又黑了！夜！夜！黑暗的夜！」沉痛的調子中留著他 20 年代末看不到希望時的思想痕跡。但在《姜》中，巴人最後自信地宣告：「以殘暴而求得權力的統一，崩潰的卻在自己的一邊，對革命而施殘殺，自己卻不免被革命消滅。」對歷史的發展抱著積極樂觀的態度，其中也不無對國民黨統治的辛辣嘲諷。

總之，馬克思主義的歷史觀點，成功的典型塑造，運用科學的階級論觀察生活所獲得的深刻認識以及對歷史發展規律的充滿自信，《姜》的這些思想成就和藝術成就說明巴人鄉土小說的創作達到了一個新的水平。

解放後，巴人寫過一個短篇《和尚老伯》〔註8〕，通過一個頑固落後的老農民在兒子參軍問題上的思想轉變，表現了解放初農民對新中國的深厚感情和他們的主人翁姿態，很有時代氣息，因此可以視爲巴人 30 年代後期鄉土文學的時代性特色在新時期的表現。

四

巴人是文學研究會成員，是現實主義作家。他的現實主義同樣是在不斷追求和實踐中發展成熟起來的。早年的巴人不乏革命者的熱情和深刻，但作爲小說家，他的這些長處還沒有和詩人氣質有機地統一在作品中，因此這一時期他的鄉土小說雖然很有特色，但還遠不能說是成熟的。往往是這樣的情形：有較深刻的思想和犀利的鋒芒，能引人矚目，可在藝術表現上又略嫌粗疏拘謹。

具體地說，主要是因爲年少氣盛，有強烈而鮮明的愛憎，因而常「制止不住在各個描出的場合放送自己的聲音」，〔註9〕間以議論說教，顯得熱情有餘而深沉含蓄則不足。由於大多取材於自己經歷過的生活，寫作時容易跟著感情跑，因而常來不及對題材作冷靜充分的發掘，就以比較粗糙的形態寫成作品，以致有些小說簡括有餘而豐富不足。有些作品情節拖沓而淹沒了人物性格，有時同一個人物，相似的情節在幾部作品裏出現，給人們以簡單重複的感覺。在作品的章法結構上，手法尚嫌單調。像《衝突》這樣的中篇，以

〔註8〕　後根據作者手稿發表於《百花州》1984 年第 3 期。
〔註9〕　巴人：《流沙·後記》，《巴人雜文選》，人民文學出版社 1985 年版，第 32 頁。

農民阿翹的行蹤作爲貫穿各個場面的線索，讓他有事必到，這既不很合理，又限制了在更爲廣闊的背景上展開豐富多彩的描寫。有些過渡穿插之處缺乏必要的提示和妥善的安排，顯得頭緒不甚清楚，《暴風雨下》等就有這樣的毛病。作品的語言則明顯地受浙東方言的局限，雖然巴人稱自己是個「語言藝術的口吃者」〔註10〕，有自謙的意思，但過多地使用方言詞彙和句法，的確損害了作品的自然流暢。

造成這些欠缺的原因，從總體上看主要有兩方面：客觀上巴人缺少充裕的時間來從容地構思醞釀作品，不少都是利用編報、教書，從事社會活動的空隙忙裏偷閒寫成的，略嫌粗疏，也就在所難免；主觀上則是因爲他藝術造詣和生活積累還不夠厚實，而且他當時在時代的漩渦中拼搏，也無意在藝術上潛心琢磨，有些作品未及充分修飾潤色就發表了，以致留下了藝術的瑕點。

但是巴人具有可貴的探索精神，他的現實主義道路在向前延伸。到30年代中期，他的藝術素養和表現技巧已有顯著提高，作品趨向冷靜客觀的描繪，「即作者於處理題材，描畫人物之間，絕不帶主觀筆調」，〔註11〕善於從平凡的事件中發掘生活的底蘊，渲染出絢麗的色彩，不僅很大程度上克服了語言「口吃」現象，而且能運用經過提煉的方言和口語加強作品的地方特色，像《牛市》、《追剿》，不失爲佳作。「七七」抗戰爆發前後，隨著革命熱情的高漲和生活面的開拓，巴人克服了前一階段作品時代感不強的弱點，運用相當熟練的藝術技巧或表現富於時代意義的生活內容，或描寫歷史題材，把筆墨化在人物性格的刻劃上，塑造了像姜尙公這樣的典型形象，取得了很高的藝術成就，標誌著巴人鄉土小說思想性和藝術性達到了統一，開始了一個新的藝術發展階段。

最後需要說明的是，巴人著有長篇小說《莽秀才造反記》，書中洋溢著濃鬱的鄉土氣息。但它寫的是歷史題材，又歷經數十載的琢磨，到巴人去世多年後才發表，各方面都堪稱巴人小說創作的最高成就，這裡沒有把它歸入一般鄉土小說之列。

（原載《寧波師院學報》1986 年第 3 期）

〔註10〕巴人：《證章‧修訂後記》，《巴人小說選》，人民文學出版社 1983 年版，第 588 頁。

〔註11〕巴人：《流沙‧後記》，《巴人雜文選》，人民文學出版社 1985 年版，第 32 頁。

巴人作品寧波方言詞語釋義

　　巴人自稱是個「語言的口吃者」。因爲他說不好普通話。但他在運用寧波方言上卻很見功夫，給作品增添了濃鬱的鄉土氣息。巴人運用方言的得失，筆者曾做過探討（載《寧波師院學報》1994 年第 4 期），但他作品中方言的形象生動之處，方言與書面語前後照應之法等等，外地的讀者最好還是在明白了方言詞的確切意義後再來細細品味，興許能別有會心，獲得意外的收益。爲此，本文選擇他幾部主要作品的一些方言詞語加以注釋。

　　花癲病　因受到戀愛方面的刺激而得的精神病。「唉！老了還發花癲病！這是什麼年頭。」（《巴人小說選》，P.15，以下同書）

　　肋脥子下　胳肢窩。「外面的世界呀，人們的心是生在肋脥子下的。」（P.17）

　　紅腳杆子，又作「紅腳梗」、「紅腳骨」　指代種田農民。「他是個紅腳杆子，種田的。」（P.21）

　　作頭　地主富農家里長工的領班。「下三府帶信來，口月你去做作頭，是不是？」（P.22）

　　石骨鐵硬　正直可信。「照我毛忖忖，駝背哥是石骨鐵硬的人。」（P.28）

　　阿大　舊社會商店的經理。「這種勾當我幹不下去。阿大、賬房吃飯了，還要我站在桌旁添飯；他們的手難道不曾從娘胎裏帶來？」（P.37）

　　七日風　嬰兒因接生時受感染而引起的破傷風，往往在出生後七日內死去，故名。「哪裏知道生下的孩子，又是七日驚風死去了。」（P.111）

　　大腳瘋　後期血絲蟲病，此時病人小腿腫大，故名。「大腳瘋木仁老坐在那翠竹亭橫柱子穿著的條木上，接上來說。」（P.161）

講案 協商解決糾紛案件。「阿召以爲打了一頓老婆，……冬生瘸手招呼他，大概在叫他來講案了。」（P.163）

捏卵不撒水 「水」即尿，比喻光說不幹的人。「有膽子的人，是不會捏卵不撒水的。」（P.166）

快活 空閒。「當初，你家先生當出店，又有錢，又快活。」（P.268）

勢口 國家經濟形勢、個人家庭的生活條件。「現在勢口不好，銀行關了門。」（P.269）原書注：「勢口，爲上海話。意思等於經濟上的術語：『景氣』兩字」，似不確切。

作興 興行。「夫妻兩口幾吵嘴，那是歷古以來，作興如此的。」（P.277）

摸六株 種田或種田人。稻區農民播秧、耘田都以六株爲一行。「摸六株的紅腳杆子們沒有了事，吃白米飯的老爺們也就`天下太平，。」（P.370）

山廠 搭在山上的草棚，多爲山民進山時的臨時居所。「姜尙公老爺每年要叫長工們到竹山上去熬筍眷。在那裡，他建了一個山廠』。」（P.377）

白酒水 手工釀製的一種不著色的米酒。「什麼時候上俺家裏去喝一杯白酒水呀……」（P.380）

拆白 裝著不經意地碰觸女性，揀便宜。「狗竇村人總喜歡一小隊一小隊的到戲臺前面去擠，到兩廂房那婦人們看戲的地方去拆白」。（P.385）

一口鐘 披風。一塊長方形的料子，一端釘上帶子。可繫在人的脖子上。用來防風禦寒。「姜尙公老爺就披上一件大紅呢皮毛的一口鐘咳嗆著出去了。」（P.400）

出會 民間藝人歡慶或祈雨時的化裝遊行。「這情景，正和鄉間出會時擡閣頂上那孩子們扮的金童玉女相似呀！」（P.141）

日腳 日子。「咱們主人公閒著沒事，卻確實老躺在床上數日腳。」（P.426）

屁輕 非常輕。「這是什麼玩意兒，……屁輕的，還不到三個銅子兒重，哪裏換得一副大餅油條！」（P.467）

熱血括心 熱血迷住了心竅，一種出神入魔的情態。「他熱血括心的想，他要想出一條他應走的路子。」（P.504）

肚仙 相當於女巫，多由女性擔任。她們做法後，能招來鬼魂，讓鬼魂

附身講話，與活人交談，道出世事的過去和未來，稱爲講肚仙。「他們像什麼肚仙似的，深徹地瞭解到中央政策的實質，並且發揮著他們國書輿論」。（P.557）

花頭　（1）花招，鬼花樣。「什麼自由戀愛。戀愛自由。這些花頭，古老時代是沒有的。」（《皮包與煙斗》P.17，以下書同），（2）值得重視的因素。「他」蹲了大牢，可嘴裏還說：「沒有什麼——沒有什麼花頭。閒住幾個月，不就完事。」（P.167）

錯心　因受強烈刺激，精神失常。「那一年，旱荒，賠不出租，地主催討得急，錯了心，瘋了。」（P.107）

抵配　情態副詞，表示準備好接受最壞的後果。「不，不，我是抵配死馬當活馬醫——破釜沉舟，跟他們纏下去。」（P.117）

人好老　能支配別人或受人敬畏的能人。「他來往在小鬍子們的中間，全都叫他』大大的好老！大大的好老了』他的汽車日常停止在全國輪船統制局的門前。」（P.124）

滑頭碼子　老滑頭。「這個滑頭碼子，跟大頭老胡纏在一起。」（P.143）

打相打　打架。「他不是跟你拼頭掃。過相打？你不是給他吃過毒酒？」（P.154）

白漂肉　白切肉。「哎唷！這樣說來，你倒還想順手吃塊白漂肉？」（P.171）

釘心熬肺，又作「釘心惱肺」　鑽心的難受。「我是趾間發著釘心熬肺的奇癢。」（P.174）

照牆　天井前的大牆，此處常受日照，牆跟是曬太陽的好地方，因得名。「照牆上送下一陣涼風。」（P.55）

老前子　從前。「老前子誰家要是有一張上諭，那是鎮宅的，水火無懼，你老先生有這麼一張部令，一定也有同樣功用呢。」（《五祖廟》，P.59，以下同書。）

挑撥　把便宜讓給人。「一個人想發點小財，連今夜還在做夢，明天可就到手了。只要洋鬼子挑撥你一下，就是一筆大財。」（P.72）

吃心　緊張、著急。「可是您先生也別吃心，好運道是得由自己去碰的。」（P.73）

戳出槍花 揭穿騙局。「說我是魯迅先生的衣缽弟子。那真是天曉得。只有騙騙南洋華僑弟子，不會戳出槍花；如果讓魯迅先生真的門下見了，那豈不笑落大牙。」（P.80）

懶歎心頭氣 唉聲歎氣的樣子。「懶歎心頭氣，拼命喝酒撩女人。」（P.161）

瘟生 出力不討好的人。「引風惹火，好叫他瘟生見咱們一些顏色。」（P.189）

額角運 好運氣。「媽的，火\的兒子，行了額角運，發了洋財了呢。」（《莽秀才造反記》，P.16，以下同書）

生活 讀作「桑臥」。（1）行當，工作。「胡二爺當不了幾年朝奉，便把天青羽紗外套和紅纓帽還給了趙老爺了。據胡二爺自己的說法是：『唔，太嫌氣點兒啦！這生活』……」（P.24）；（2）懲罰。「我回來了，吃你的生活。」意謂「給你一點厲害。」（P.491）

回鈔，又作「會鈔」、「惠鈔」 付錢。「我盡地主之誼，這一回一定得我回鈔。」（P.28）

呆長呆大 身材高大。「咱們老前輩人講，山東老吃白棗長大，是呆長呆大的。」（P.42）

亂話三千 胡說八道。「他認為那是胡說八道，亂話三千。」（P.90）

綏綏，又作「綏綏動」 毛茸茸令人不舒服的樣子。「那講道的人，有淡藍色的眼睛，有高大的鼻子，白皮膚上長著綏綏的紅毛。」（P.90）

一定板規 有規有矩。「這一連串的工作。都各各做得一定板規，不慌不忙，件件舒齊，樣樣定當。」（P.119）

黃岩稻 雙季間作早稻。奉化三江平原種植較普遍，70年代以來已絕跡。「他們之中有一部分橫挑著一條扁擔，唱著胡謅的山歌，出門到種『黃岩稻』的區域去。」（P.120）

涼床 一種做工很考究的大木床，飾有屏風，屏風上有許多雕花木刻。「靠壁的涼床上，大煙盤早就推開了。」（P.173）

紅眼綠頭髮 形容人的兇狠、專橫、貪婪。「這是個紅眼綠頭髮的人，也許頭上插有雞尾，耳邊垂有狼尾的。」（P.157）

　　樣範　樣子，架子，包含像模像樣之意。「要有一個樣範，讓以前欺侮咱們的看個眼色！」（P.208）

　　羹飯　祭祀祖先或鬼神的酒席。「清明是個大節日，每家祖宗都從墳裏爬起來，要嘗一嘗這子孫羹飯。」（P.214）

　　牌頭，又作「排頭」（1）責備、訓斥。「朱神父一頓牌頭，老爺們便嚇的直抖。」（P.262）「俺大人說我交涉辦的不好，那一頓牌頭可吃不消哪。」（P.548）；（2）牌子、靠山。「他恨只恨自己牌頭不夠響亮，生意招攬不過別人。……他常常私下想，戴輔清秀才也寫狀紙，但他有丈人泰山做牌頭。」（P.26）

　　殺白　殺豬，包括宰殺、去毛、斬頭、剖肚等全過程。「中國鄉下人不服氣，殺個教民殺個白，好叫你新知縣留心在意。」（P.318）

　　壽頭碼子，又作「壽頭模子」，「壽頭」　出力不討好的傻瓜蛋。「清官看你是個壽頭碼子，拷不出口供，放你了。」（P.375）

　　高包饅頭　有餡的圓饅頭，又稱「高包」。「一對乳峰用鄉下人的話形容起來，是像高包饅頭似的。」（P.447）

　　做不著　指事情沒有把握，準備嘗試一下。「他這麼一想，記起了地保阿貴，還是做他不著，來一下子拷打吧！」（P.397）

　　赤屁股打交，又作「出屁股打交」　童年之交。「品松哥，我小放牛跟你是赤屁股打交的。俺可不會說謊。」（P.339）

　　八月天氣　智力有問題，說話不合常規。「莊哨官，你別信這八月天氣的說話，一派胡言亂道。」（P.400）

　　上春　春心萌動。「論年紀，十七歲了。正是上春時候。」（P.413）

　　看相　希圖得到。「你們都看相我的錢財，我不願意的。」（P.428）

　　一蓬之火　極言怒氣之盛。「董老爺一蓬之火，便向縣裏控告兒子忤逆。」（P.478）

　　穿繃　暴露；敗露；騙局被揭穿。「牛老在紹興辦大通學堂革命，一位女人事情穿繃，給殺頭了。」（P.590），「天下十八省，馬屁勿穿繃。」（P.571）

　　要好不得　希望「好」而「不得」。意思是願意幫忙，但又力不從心。「舉人老爺歎著氣說：『咱們是自己人，我也要好不得』。他於是說起這次清鄉委員會弄起來的經過。」（P.393）

標　流體從小孔裏急速射出。「滿肚子的血，像噴泉似的標激出來。」
（P.576）

糞坑棋，又作「廚坑棋」一種兒童遊戲棋。在地上畫一棋盤，用石子作
棋子即可玩。有大子一隻，小子十六隻。大子能吃掉小子，小子能設法圍住
大子，以此定輸贏。「他分明看出自己的地位，有如小時鄉間看到那糞坑棋的
大子一樣，十六個小子，這象徵作獵人的，兜剿著一顆象徵作虎子的大子。」
（P.381）

（原載《寧波師院學報》1994 年第 4 期）

巴人作品使用寧波方言得失

一

巴人自稱「是個語言藝術的口吃者」。〔註1〕這當屬自謙之辭，但也可以認為是他依據語言藝術的高標準所作的嚴格的自我批評，即他不曾講普通話，所操口語是地道的寧波方言，因而在創作中有意無意地使用了許多方言詞彙和表達方式，影響到了他的文學語言的總體特色。其實，巴人使用寧波方言的情況前期和後期有區別，瑕瑜也是互見的。前期使用方言較頻繁，而且常在描述性語言中使用，總的看，少了點加工提煉的功夫，作品語言不夠自然流暢。這與他早期作品描述上的尚欠細膩生動一起，構成了他後來重新發表這些作品時對它們加以修改潤色的重要原因。後期則比較自覺地注意到了根據能被普遍接受的程度來選用方言詞彙和表達方式。若論得失瑕瑜，則首先可以就其與普通話的關係，分為三種情況。

一是與普通話比較接近的，其字面意義往往是普通話裏的通常意義，不過語音、字序和修飾對象與普通話的用法有別，但在一定的語言環境中仍然能為非寧波方言區的讀者所意會。

照我毛忖忖，駝背哥一定是石骨鐵硬的人，這時站在一旁的喬源哥向著別人說話了，「斷不會偷錢的。他和我同住了多年，他即便沒有火了，要抽煙，連我家竈裏借個火也不來的。他真有這般骨硬

〔註1〕 巴人：《證章·修訂後記》，《巴人小說選》，人民文學出版社 1983 年版，第 588 頁。

呢！」（人民出版社 1983 年版《巴人小說選》第 28 頁）

「石骨鐵硬」，在寧波話裏極言物之硬，這與其字面意義相去不遠，此處引申為運秧駝背為人的光明正大、過得硬、即使挨俄也不貪小便宜。這能為一般讀者所領會。「毛忖忖」一詞，「忖」，即思忖，「毛」取其粗糙未加工之意，這兩種用法也屬通行，但合為「毛忖忖」，則顯然是方言的用法，意為粗粗的一想或大致地猜想。由於它取的還是字面的意思，所以外地讀者仍能懂得。又如：

> （杜白清）一手撐著灰塵撲落的上黑膩的板壁，一手高擎著洋油燈。（同上，第 427 頁）

> 他熱血括心的想，他要想出一條他應走的路子。（同上，第 504 頁）

> 我足趾間發著釘心熬肺的奇癢，我越搓越感到興奮。（光明書局 1946 年版《皮包與煙斗》第 174 頁）

「灰塵撲落」，到處是灰塵的樣子，言板壁上滿是灰塵油膩，而非「把灰塵撲盡」之意；「括」此處有包容義，「熱血括心」，極言出神入魔之態，似乎熱血迷住了心竅；「釘心熬肺」意即鑽心地難受。此三句中的方言詞語充作狀語或定語，其意與字面所含的通行意義都比較接近，讀者能借助經驗從詞的構成中把詞義基本掌握。

二是特指的事物名稱或方言用法的形容詞義，與字面的普通話通行詞義沒有多大的關係，不知就裏的讀者閱讀時容易產生歧義，但在一定的語義環境中，借助上下文關係，尚能把基本意思猜個大概。如：

> 他常說，「外面的世界呀，人們的心是生在肋胠（請造合體字）子下的。全都是誰也想把誰吃掉的。」（《巴人小說選》第 17 頁）

「肋胠子下」，即胳肢窩，用普通話的音來讀，很拗口，但用寧波話來讀，十分順溜。如果從字面看，一般人們容易錯把它理解為肋骨下的某處，但人心換了地方的意思則是明瞭的。又如：

> 此刻阿召以為打了一頓老婆，老婆哭上了鄉警的門，冬生瘸手招手招喚他，大概在叫他來講案了。（同上，第 163 頁）

> 「當初，你家先生當出店，又有錢又快活，……我看你們兩口子，過得真寫意。」（同上，第 268 頁）

　　　　摸六株的紅腳杆子們沒有了事，吃白米飯的老爺們也就「天下
太平」。（同上，第 370 頁）

　　　　他們像什麼肚仙似的，深切地瞭解到中央政策的實質，並且發
揮著他們國事輿論。（同上，第 557 頁）

「講案」，協商解決糾紛案件；「快活」，是空閒之意，與「有錢」意義並列；
「摸六株」即種田，可以指稱農民，因稻區農民插秧、耘田都以六株爲一直
行而得名；「肚仙」，相當於女巫，多由女性擔任。她們進入發功狀態後，能
讓鬼魂附身講話，有求者可以請她招來亡魂與之對談，稱爲講肚仙，是一種
封建迷信。這些詞大多有特指的對象，「快活」與普通話中的「愉快」義不相
同，一般讀者難以確切地理解。但猜測「講案」是講論案情，「快活」與「愉
快」意義相近，「摸六株」與農活有關，「肚仙」是鑽進肚子料事如神的仙，
則是他們可以做到的。

　　　三是字面上與普通話的意義毫無關係，甚至是完全相反。如：

　　　　以前的南洋，那可眞有點兒風光呢！一個人想發點小財，連今
夜還在做夢，明天就可到手了。只要洋鬼子挑撥你一下，就是一筆
大財。」（花城出版社 1986 年版《五祖廟》第 72 頁）

這是《薩拉山》中一個憤慨的華僑老人說的話。他的話反映了帝國主義經濟
侵略的嚴重後果，也包含著他對世事變化無常的不平。其中「挑撥」，實爲「挑
白」，撥、白，寧波話同音。「挑白」，意爲讓人白揀便宜。但如果從作品所選
用的字的通常意義去理解，當作挑撥離間，那就完全錯了，而且會造成邏輯
上的混亂。又如：

　　　　胡二爺當不了幾年朝奉，便把天青羽紗外套和紅櫻帽還給趙
老爺了。據胡二爺自己的說法是：「唔，太嫌氣了點啦！這生活。
穿戴上這副勞什子，面子是有了，威風也足了，可是骨頭也挺硬
了」。（《莽秀才造反記》第 24 頁）

　　　　「我回來了，吃你的生活。」（同上，第 491 頁）

　　　　姜尚公老爺被披上了一件大紅呢皮毛的一口鐘咳嗆著出去
了。（《巴人小說選》第 400 頁）

其中「羽紗」實是『玄紗』之誤，即黑紗布，羽、玄，寧波話音同而字異。
「生活」，首句意爲行當、職業，次句意爲懲戒，在寧波話中都讀如「桑臥」，
「吃你的生活」，就表示給你一點厲害嘗。「一口鐘」非數量詞，而是一個名

詞，即高領的披風，可以防風禦寒，領子繫在脖上，形似一酒盅，因得名，現在寧波一帶多天還常用來包裹嬰兒。「挑撥」、「羽」、「生活」、「一口鐘」，在作品中的實際意義，都與普通話的不同，「吃你的生活」，句法也與普通話有別，但它們又偏是普通話中的一些常用詞。作品沒能顯示其方言詞的身份，一般讀者若根據普通話的詞義來理解，就會覺得邏輯不通。這顯然是巴人運用方言的一個失誤，原因就是他不懂普通話讀音。他以自己習熟的寧波話讀音為標準，選字記錄寧波話的方言詞，而與普通話的常用詞相混淆。實際上這些字的普通話讀音與所要記錄的方音不同，巴人如知道這點，他本來是能夠避免的。當然，這種情況在巴人創作中只屬少數。

二

　　巴人在編輯浩然《喜鵲登枝》時，給作者提了幾條編輯說明。第一條是「缺乏普遍性的『土語』，我們改為普通話裏常用的詞彙。例如『今個』就改為『今天』。這個詞本來是『今兒個』，現在天津地區一帶，略『兒』成為『今個』，不如用『今天』。又如『寶貝疙瘩』，南方人認為『疙瘩』是不好的東西。何如用『寶貝』。」〔註2〕「疙瘩」有貶義，也是寧波方言的特點。這些說明巴人對於方言「缺乏普遍性」的弱點是瞭解的，並且力求加以克服。但他又認為「今天我們在語言文字改造上，還須更注意於現實語言（各種方言）之吸收和運用，更須臻於活潑、豐富和暢達。」〔註3〕這顯然是一個矛盾：使用方言可以增強作品的鄉土氣息和地方特色，但運用不當，會限制閱讀範圍。巴人在創作中，為解決這一矛盾，提高方言的表現力，是作了探索的，他的辦法主要有以下幾條：

　　1、在描述性的書面語言中插入方言口語，並且用書面語的詞充當它的同位成分。這樣，既發揮了方言的長處，又不致造成閱讀的困難，如：

　　　　喬源哥雖然有一份像他哥哥喬崇先生好捉弄人的性格，但他畢
　　竟沒有讀通書，他是個紅腳杆子，種田的。(《巴人小說選》第 21
　　頁）

　　　　　他認為那是胡說八道，亂話三千。(《莽秀才造反記》第 90 頁）
「紅腳杆子」也作「紅腳梗」、「紅腳骨」，農民勞作被太陽曬紅腿腳，因得

〔註2〕　浩然：《巴人同志指導我學習創作》，《新文學史料》1986 年第 3 期。
〔註3〕　巴人：《論魯迅的雜文》，《巴人文藝論集》，人民出版社 1984 年版，第 240 頁。

名。「亂話三千」，也即胡說八道。在「紅腳杆子」後面加一個同位語「種田的」，在「亂話三千」前面有一個意義相同的同位成分，使語義一目了然，而又能讓人從方言中體會到一種特有的韻味。

2、盡量採用與普通話有聯繫或形象化的方言詞語，如上文所引之「石骨鐵硬」、「毛忖忖」、「摸六株」、「釘心熬肺」等，使讀者能從字面意義和上下文聯繫中理解其確切的含義。形象性強本是寧波方言的一大特色，它是在長期的歷史發展中，結合本地區特有的民俗習慣、風土人情而形成的。描寫當地的習俗，這些詞語往往有很強的表現力。如「剖鯗」一詞，原是指沿海把魚剖腹、掏空，用鹽塗抹，曬成魚乾的加工過程。巴人在《莽秀才造反記》裏多次用到它。當大里村地主王朝興不願拿出自己的穀子救濟村民時，村民群起反對，王朝興說：「從前並不說，現在說起話來了，你們想要合著吃我嗎？好的！族長在這裡，你們來把我剖鯗吧！」活現出地主老財一副惱羞成怒、氣急敗壞的神態。又，大里村及附近群眾在莽秀才王錫彤的帶領下衝進城裏，活捉了作惡多端的流氓淫棍朱神父：「在城隍廟裏，已經把朱神父審結：公眾的意見，要把他剖鯗示眾。」用「剖鯗」一詞來描述將朱神父開膛剖腹、掏空心肝的處死方法，極為形象生動，也非常真切在反映了群眾對教會勢力的義憤。

3、在人物語言中運用方言，加強對話的口語感，從而增強語言的真實性和人物性格的鮮明性。《鄉長先生》寫了一場因抽壯丁而引起的風波，在開篇群眾議論的場面中，貧苦農民阿召因覺得外國人來後生活越來越困難，他激憤地宣稱情願被抽壯丁，去學些武藝來打洋鬼子。這時有一個叫開場麻皮的就激將他說：「阿召，你說得出，要做得到呵！」「你喜歡去，你就先去當後備兵！有膽子的人，是不會捏卵不撒水的——我看著你！」「水」即尿，「捏卵不撒水」比喻光動嘴不實行，乾打雷不下雨。那種討厭唱高調的不耐煩心情就包含在這十分形象的比喻之中了，而且其用語不雅，非常切合沒有文化的下層民眾的身份，使其直率的性格躍然紙上。這種細微處見神采的藝術效果是換一個書面用語所難以達到的。又如《莽秀才造反記》，大里村群眾劫監救出王錫彤後，在朱神父的操縱下官兵下鄉搜緝，搞得大里村雞飛狗跳。帶隊的莊哨官裝模作樣從士兵身上搜出了許多從鄉民家裏搶來的東西，聲稱要向上峰報告，加以嚴辦。這樣一來，官兵大爺們都怔住了，但有幾個咧開嘴笑起來，對旁邊的說：「也好，你們要拿咱們的，拿去吧，可是有一件，你總

拿不去的哪！」「我的五爪金龍，吃過高包饅頭，——他可怎麼著？」引得周圍一片淫蕩的笑聲。「五爪金龍」，即手的五指，「高包饅頭」，指女性的乳房。用這樣的方言語句，充分暴露了官兵大爺在大里村犯下的搶掠姦淫的罪行，也活現出兵油子的一副流氓無賴的臉相。

4、根據題材特點和反映地方風俗的實際需要，適當地選用名詞性方言詞語來指稱人事，從語言方面助成作品爲一幅「中國江南農村生活的風俗圖畫」。巴人創作的題材比較廣泛，有表現知識分子內心苦悶和不懈追求的，有反映市民生活和遭遇的。這些題材的作品與鄉土的人事離得較遠，巴人較少使用方言。而在大量的鄉土題材的作品中，他努力按照鄉民的習慣，不失時機地選用方言詞，如在戀愛方面受到刺激而得精神病，叫「花癲病」，雇工中分「作頭」、「工肩」、「看牛」的三個等級，宗族裏有「族長」和「房長」，血絲病者小腿腫大俗稱「大腳瘋」，布告叫「招貼」，份量很輕寫作「屁輕」，老滑頭叫「滑頭碼子」，能人稱「大好老」，罵小家子氣或出力不討好者爲「瘟生」，「滾綻」就是飽滿的樣子。這些方言詞語給作品平添了一種鄉土味，對於顯示生活畫面的地方色彩，起了十分重要的作用，讀來又十分新鮮親切。

總的看，巴人運用方言與別的追求語言鄉土效果的作家相比，有其自己的特點。他的作品的語言基調是書面化的，使用方言，只是整幅藝術畫面上的富有地方特色的點綴，所以讀來一般很自然流暢，不像有的作家刻意使用一些方言句法和許多擬聲的虛詞，著力追求一種地方性很強的語調，雖然鄉土味十足，但讀來頗覺費力。巴人對自己講不好普通話的弱點是明白的，因而他特別爲自己運用方言提出了一個理想的目標，這就是「活潑、豐富和暢達」。爲此，他注意在具體運用中顧及特定的語言環境、表現對象的特點和揭示生活的地方特色的實際需要，把重點放在刻畫性格、表現人物語調口吻和渲染鄉土效果上，並且採用了一些行之有效的方法，從而較好地克服了方言的局限，發揮了它特有的表現力。這些經驗是值得今天的文藝工作者認眞學習和借鑒的。

（原載《寧波師院學報》1996 年第 4 期）

後　記

　　「民國文學」以前在大陸不太流行，主要是因為它包含了民國正統的觀念。但中華民國是從清朝滅亡到中華人民共和國成立之前這一時期整個中國的國家名稱和年號，這毫無爭議，因而民國文學是客觀存在的（至於1949年以後在臺灣延續的「民國文學」，相信兩岸的中國人有足夠的智慧，在中華民族振興和共同福祉的方向上找出彼此都能接受的解決方案）。民國文學中的「民國」是一個時間概念，與「現代文學」注重現代性標準有所不同，在民國的時間框架內各種性質的文學是並存的，沒有基於意識形態的高下區分，研究者完全可以憑個人的判斷說話。因此，在民國文學的框架內很有可能對一些作家、作品和文學現象作出不同於在現代文學框架內定論的結論。總而言之，提出「民國文學」的概念，有利於從一個新的角度來研究這個時期的文學，把人們的認識引向深入。當然，「民國文學」不能取代「現代文學」，反過來也然。我認為這兩種具有不同內涵和功能的文學史概念，可以承擔起不同的使命，並存而互補。

　　當歷史上的國共鬥爭不再影響現實政治時，國民黨在大陸執政期間的歷史功過開始得到比較客觀的評價，民國史研究在大陸逐漸受到了學術界的重視。民國史研究是如此，民國文學史的研究也順理成章地提上了議事日程，並且正在成為中國文學研究的一個重要領域，已經取得了相當豐碩的成果。筆者從事中國現代文學研究多年，當民國文學研究引起廣泛重視之時，也開始思考從這一視野來考察它與中國現代文學的關係，開展一些實際的研究，以期從中尋找對這一時期文學進行新的闡釋的可能性。

　　無論是民國文學的視野還是中國現代文學的視野，浙江作家群都是佔據

五四以後中國文學的半壁江山的。筆者爲浙江寧波奉化人，從走上學術道路之始，基於文化的認同感和地域的切近性，比較關注浙江作家的創作，有一篇文章的題目就直接是《論浙江作家群的崛起》，從歷史傳統和地域特點等方面討論浙江作家群的優勢。順著這一思路，後來又陸續對浙江作家，尤其是浙東作家，做了一些專題考察。

　　李怡教授主持《民國文化與文學研究文叢》，由臺灣花木蘭文化出版社出版，這是一件好事，一定有助於推動民國文學的研究，增進兩岸人民的交流和理解。李怡教授是率先提出「民國文學機制」的大陸學者，他出版專刊，撰寫論文，已經做了大量工作。他要我編一本這方面的書列入出版計劃，我於是以「民國文學與浙江作家」爲題選擇了歷年發表的相關論文，編成這本拙著。文章都是在大陸學術刊物上發表過的，有的還被中國人民大學《複印報刊資料》轉載，產生過一些影響。值此出版機會，特別要感謝李怡教授的看重和臺灣花木蘭文化出版社的支持，同時也謝謝責編的認眞工作。

陳國恩

2014 年 2 月 19 日記於武漢大學